LES TABLEAUX

DE

LA GUERRE

Sous la tente.

CHARLES YRIARTE

LES TABLEAUX DE LA GUERRE

ILLUSTRÉS PAR GODEFROY DURAND

D'APRÈS

LES DESSINS DE L'AUTEUR

PARIS

ALPHONSE LEMERRE, ÉDITEUR

47, PASSAGE CHOISEUL, 47

1870

AU

GÉNÉRAL DE FRANCONIÈRE

en témoignage de respectueuse amitié.

CHARLES YRIARTE.

AU LECTEUR

Après dix années écoulées, j'ai senti fermenter mes souvenirs & n'ai point été maître de ne pas fixer les émotions terribles d'un champ de bataille. J'ai écrit dans le recueillement *les Tableaux de la guerre*, c'est-à-dire les mille sujets qui se déroulent sous les yeux de l'artiste attiré sur un champ de bataille par la soif de l'inconnu & l'amour du pittoresque. J'ai voulu peindre la vie du camp, qui a sa poésie, le combat, l'alerte, l'épisode sanglant, les marches forcées, les nuits pluvieuses, les jours de revers tristes & lugubres, les allégresses de la victoire, les mille incidents pris sur nature. Si j'ai fait passer dans ces pages l'émotion que je ressentais en écrivant mes souvenirs & en évoquant des jours qui tiennent une grande place dans ma vie, j'aurai rempli mon but : ici, il s'agit d'art & non point de stratégie.

Au lieu d'être écrits sur les champs de bataille du Maroc, au milieu d'une armée étrangère, si les récits qu'on va lire avaient été écrits à Sébastopol, à Magenta ou à Solférino, au milieu des Français, nul doute que les lecteurs seraient plus intéressés à les connaître; mais, comme les horizons sont nouveaux, l'ennemi personnel, étrange, plein de caractère, d'une bravoure héroïque, il doit y avoir là un certain attrait.

En tout cas, quand on s'est trouvé mêlé par hasard aux événements contemporains, c'est un devoir d'apporter sa part de souvenirs & ses impressions personnelles & de ramasser les miettes de l'histoire tombées sur un champ de bataille.

CHARLES YRIARTE.

Saint-Cloud, juillet 1869.

La campagne que les Espagnols soutinrent contre le Maroc en 1859-60, est peu connue en France. Attaché à l'état-major du maréchal O'Donnell depuis le commencement de l'expédition jusqu'à la rentrée en Espagne des troupes du corps expéditionnaire, nous avons suivi heure par heure les péripéties de cette lutte & vu de près les épisodes divers dont nous nous sommes fait l'historien. Que les hommes spéciaux ne cherchent pas dans ces pages les renseignements techniques qu'un officier d'état-major aurait pu consigner dans son journal. D'autres que nous, plus autorisés, ont expliqué les mouvements stratégiques, donné les chiffres statistiques & constaté les résultats politiques obtenus. Comme nous faisions œuvre d'artiste à cette époque en esquissant avec le crayon, sur le champ de bataille même, les scènes pittoresques & les épisodes des engagements, nous avons voulu fixer aussi avec la plume ce qui échappe fatalement au peintre, le mot spontané, l'impression d'allégresse au jour de la victoire ou la terreur de la retraite. On verra passer dans ces récits bien des figures devenues historiques. A côté du maréchal O'Donnell, les généraux Prim, Zabala, Ros de Olano, Caballero de Rhoda, La Torre, Echaguë.

Les récits qu'on va lire sont indépendants de tout ensemble; cependant, voici le résumé succinct des événements dans lesquels s'encadrent les scènes qui m'ont frappé comme les plus *humaines*.

Les Espagnols possèdent sur la côte du Maroc en face de Gibraltar, un point fortifié qui leur sert de préside, c'est la presqu'île de Ceuta, moitié espagnole, moitié marocaine, bordée de murs du temps de Cisneros, pourvue de pont-levis, de fossés, de forts détachés, de chemins couverts, hérissée de canons, & dominée par un Hacho. La pierre qui limite la possession s'élève à un mille de la ville, dans des terrains incultes; à partir de là commencent Enghera & Sérallo, un Santon dresse sa petite coupole blanche : c'est la terre marocaine. Dans le courant de l'année 1859 quelques empiétements de la part des Marocains réclamèrent une intervention diplomatique, & les Espagnols résolurent, pour assurer la libre possession de leur territoire, de construire un corps de garde qui serait occupé par une petite garnison détachée. Chaque matin, à leur réveil, les Espagnols trouvaient renversés les murs qu'on avait élevés la veille, &, un jour, la borne frontière qui portait les armes d'Espagne, mutilée par les Maures, roula sur le sol. Les négociations furent longues, & c'est assurément une curieuse étude que celle des documents échangés entre les deux puissances.

Mohammed-el-Jetib, ministre d'état de l'Empereur du Maroc, & M. Blanco del Valle, représentant de l'Espagne à Tanger, usèrent, chacun de leur côté, de toutes les ressources de la diplomatie ; les Maures d'Anghéra, qui échappent à l'action directe du sultan, méconnaissaient l'esprit de conciliation, &, faut-il le dire, le ministère O'Donnell sentait peut-être aussi le besoin de faire diversion à l'opinion publique & de retremper sa popularité dans un succès.

La guerre fut déclarée, les Cortès l'annoncèrent solennellement avec un grand enthousiasme, & la reine, en plein parlement, jura de vendre ses joyaux plutôt que de céder devant les empiétements.

L'Espagne mit sur pied quatre corps d'armée commandés par les généraux Echaguë, Zabala, Ros de Olano & Prim ; ce dernier formant corps de réserve. Le maréchal O'Donnell, président du Conseil des ministres, prit le commandement en chef. Les hostilités commencèrent en novembre, & la paix fut signée le 23 mars, un mois & demi après la prise de Tetuan, une des villes les plus importantes du Maroc, & une immense razzia, dans laquelle on prit à l'ennemi trois campements composés de huit cents tentes & toute son artillerie.

On suivit le littoral depuis Ceuta jusqu'à Tetuan, prenant la mer pour base d'opérations; la flotte qui portait les vivres ravitaillait l'armée, qui se trouva plusieurs fois isolée par suite du *Levante* qui souffle dans ces parages. Pendant ces cinq mois, on eut dix grandes rencontres & un nombre infini d'escarmouches & d'attaques; il se passait rarement une semaine sans que les Maures vinssent harceler l'ennemi.

Les combats les plus sérieux sont ceux de Torre-Martin, Monténégro, Azmir, Keleli; les batailles ont pris le nom de Serrallo, Sierra-Bullones, Guad-el-Jelu, Los Castillejos, Cabo-Negro, Tetuan, Samsa & Vad-Ras. Le général Zabala, qui commandait le 1er corps d'armée, reçut le titre de marquis de Sierra-Bullones, le général Ros de Olano celui de marquis de Guad-el-Jelu. Le maréchal O'Donnell joignit à son titre de comte de Lucena celui de duc de Tetuan, & le général Prim est devenu marquis de Castillejos à la suite de cette campagne.

Nous avons assisté à chacun de ces engagements dans l'état-major général ou en partisan, au point où nous attirait l'intérêt de la journée, & les épisodes qu'on va lire sous le titre général, *Tableaux de la Guerre*, doivent être empreints du cachet de vérité de la chose vue.

Le camp de Serallo.

LA VIE DU SOLDAT.

Avant qu'ils s'effacent, il faut fixer ces souvenirs. De jour en jour les contours s'affaiblissent, les beaux paysages ne m'apparaissent déjà plus qu'à travers un brouillard léger; les matins radieux, les longues nuits sans sommeil, les attaques nocturnes, les combats sanglants disparaissent dans la brume de l'oubli.

Bientôt, au milieu des agitations de la vie parisienne, il ne restera plus dans ma mémoire qu'un bruit confus de clairon, qu'une sourde rumeur de champs de bataille. Au milieu de cette nuit, illuminée d'un subit éclair, je vois encore le geste d'un mourant appelant un cavalier qui passe, j'entends le mot épique d'un pauvre soldat; je vois la tache brillante d'un drapeau déchiré par les balles, qui paraît & disparaît dans la fumée; je perçois clairement un commandement sonore, le bruit sec d'une balle qui frappe un crâne, je distingue la tête pâle & sanglante d'un ami. Demain tout cela ne sera déjà plus qu'un écho lointain, je veux retourner en arrière & me souvenir.

C'était la grande vie, la vie à l'air libre, en face de la nature, en face de la mort; c'est, avec les deuils du cœur, auxquels personne n'échappe, la grande émotion d'une existence.

Là tout était possible & à tout instant. Le jour, nous avions le feu, avec ses hasards & ses dangers; la nuit, nous avions l'épidémie qui se glisse sous la tente & vient, comme un voleur, faire le vide dans la maison de toile, traînant après elle la mort obscure, la mort de l'hôpital, moite, lente & froide, loin de tout ce qu'on aime, sans l'exaltation du champ de bataille & l'ivresse que cause au mourant la vue de son propre sang qui coule pour la patrie.

Comme nous étions meilleurs! quelle puissance, quelle intensité de vie! & comme la fièvre, une fièvre généreuse, faisait à toute heure battre notre pouls & agitait notre cœur! Les forces étaient doublées. On chevauchait dix heures sous la pluie, sans manger, sans boire, toujours gai, toujours content. On marchait parfois pendant dix lieues dans le sable mouvant, dans les fondrières fangeuses ou dans l'alfa parasite qui couvre les plaines africaines. On apprenait les choses de la nature dans ces solitudes que jamais le pied humain n'avait dû fouler, & au moment de la halte, après ces longues heures sous le soleil ardent, le cœur battait à la vue d'un bouquet d'arbres, au bruit d'une source dont l'eau roulait sur un lit de cailloux. Il y a tel jour dont la date restera ineffaçable pour nous, parce que nous trouvâmes un ruisseau limpide pour étancher notre soif ardente.

Parfois, sur le passage d'un corps d'armée en marche, les éclaireurs faisaient partir quelque bête fauve, ou on entendait s'élever d'une aile lourde un vautour surpris sur une carcasse abandonnée par quelque caravane; alors c'étaient des cris qui partaient de la tête de la colonne & qui trouvaient un écho jusqu'à l'arrière-garde.

Une fois, l'armée tout entière, dans le laisser aller pittoresque d'une marche à volonté, avait adapté au shako une de ces larges feuilles parasols cueillies dans une plaine au terrain marécageux.

Quels singuliers accoutrements! Quelle ingéniosité & quelle fantaisie! Celui-ci, avec une conscience incroyable, portait, pendant dix lieues, une énorme gaule pourvue à son extrémité d'un moulinet pour indiquer le vent. Il voulait, de campement en campement, conserver ce trophée qui avait résisté au hasard de la campagne. Celui-là se chargeait d'un tambour ou d'une panderetta, l'autre ajoutait à son harnais, déjà trop lourd, une guitare pour charmer les loisirs de la vie du camp.

On allait sous le vent, sous la pluie qui fouettait le visage, sous les morsures d'un soleil torride, sans savoir où on s'arrêterait. Le terrain, tout d'un coup, manquait sous les pieds; de jolies fleurettes blanches cachaient un marécage, alors la colonne tout entière s'arrêtait; les sapeurs passaient en avant pour faire aux roues des canons un chemin propice. Tout était aventure, c'était l'inconnu avec son mystère & son charme.

Le pays était étrange & l'ennemi ne l'était pas moins; ses mœurs, son langage, sa religion, sa tactique, son armement, ses ressources, son caractère, nous ignorions tout, & tout était nouveau pour nous. Nous étions venu là à la grâce de Dieu, volontairement, poussé par je ne sais quel irrésistible désir de voir : c'était l'enthousiasme sacré des vingt ans qui nous avait jeté sur ces champs de bataille. La vie était droite, unie, monotone, sans hasard & sans aventure; l'habitude nous donnait la nausée; nous fuyions la léthargie de la ville : il nous fallait le drame, l'émotion, le lendemain différent de la veille; nous voulions voir, sentir, souffrir! Nous voulions vivre, enfin!

L'ARMÉE ESPAGNOLE.

L'armée espagnole a les rudes habitudes de la discipline familière aux armées françaises, mais la proportion n'est plus la même, & il y a dans les mœurs & dans les relations une bonhomie singulière qui fait qu'un étranger dont on connaît le nom & les intentions peut courir l'aventure un jour de bataille sans se heurter à de dures consignes.

A Magenta, on nous eût sabré sans bonhomie. On n'y faisait pas la guerre en famille ! A Puebla, on nous eût pris pour un espion ou un maraudeur. Nous étions là dans cette armée espagnole comme un ami dont on est sûr. Nous errions, sans poste, sans fonction définie, tantôt à l'avant-garde, tantôt au quartier général, confondu parmi les aides de camp du maréchal O'Donnell ; aujourd'hui attaché à la fortune d'un escadron, l'ami & l'hôte du chef ; le lendemain, fantassin perdu dans les rangs de l'arrière-garde.

Là où s'ouvrait le feu, nous courions, sans uniforme; sans armes surtout, avec prudence, sans fausse crânerie, en artiste & en écrivain. Jamais, au Maroc, nous n'avons pressé la détente d'un révolver ; que dis-je ? nous aimions l'ennemi au nom du pittoresque, au nom du caractère & de l'humanité, c'était un ennemi fait pour un artiste, avec ses vives couleurs, ses nobles chevaux, ses armes luxueuses, ses beaux gestes harmonieux & son magnifique mépris. Ce que nous voulions, c'était voir le plus possible, entendre, épier & sentir battre notre cœur. — Bien souvent il a battu à se rompre & il bat encore en pensant à ce temps-là.

Parfois, comme nous avions été à la peine, nos amis d'hier voulaient que nous fussions à l'honneur, & nous étions devenus un compagnon d'armes sans rechercher le titre de soldat.

On était bon pour nous. On nous aimait un peu. Quand nous avions marché trop longtemps, sous le poids du jour, celui-ci nous prêtait son cheval; celui-là partageait son pain avec nous & nous offrait le bidon. Le soir, quand on sonnait la retraite, on nous faisait place sous la tente, si la nôtre était trop loin. On s'était habitué à nous; nous ne gênions plus personne. Quand, au milieu d'un mouvement, nous passions au galop, seul, en amateur, en rompant, sans y prendre garde, une consigne, ou dépassant une ligne de défense, on croisait la baïonnette pour nous empêcher de passer; mais quelque vieux chef venait & nous disait : « Mon enfant, c'est dangereux, vous allez trop loin. Nos sentinelles avancées sont là, cachées dans l'herbe. »

L'année suivante, nous avons vu la grande guerre, avec cent mille hommes en ligne & deux lieues de champ de bataille; il fallait là moins de fantaisie, sans quoi la maréchaussée nous eût conduit à la frontière. Si une balle perdue nous eût fracassé la tête au Maroc, on aurait peut-être pleuré « le Français »; à Magenta, si un correspondant militaire était entré blessé dans une ambulance, on aurait dit sans nul doute : « Sa place n'était pas au feu. » Et c'eût été très-logique. Ce sont les poëtes qui ont tort, il ne faut pas faire d'expérience sur le champ de bataille.

Ce n'est point le journal de cette rude

campagne que je veux écrire, ce sont quelques épisodes bien humains, quelques émotions profondes que je veux rappeler; il fallait, pour en comprendre la grandeur & la force, plus de maturité que je n'en avais alors. Je n'ai compris que plus tard, & c'est à peine si, aujourd'hui, je saurai rendre ces scènes dramatiques & pittoresques bien particulières à cette contrée inhospitalière. Je ne portais pas l'uniforme & j'ai le droit de dire : « Ici j'ai eu peur, & voici ce qu'on éprouve sous l'émotion de la peur. — Là j'ai frémi; là j'ai pleuré? », sans hypocrisie, sans crainte, honnêtement, comme un homme qui regarde au dedans de lui-même & qui interroge loyalement des souvenirs qui lui sont chers.

Le camp de l'Otero.

CHAPITRE PREMIER.

LA VIE DE LA TENTE. — LA NUIT AU CAMP.
LE COURRIER.

Il y a dans la vie du camp je ne sais quelle ivresse & quelle poésie qui expliquent chez le soldat la nostalgie de la guerre. Le séjour de la caserne est léthargique, & la vie de la garnison est pénible à celui qui a vécu sous la tente.

Dans ces régions africaines, dès que

le soleil se couche, la nuit vient tout d'un coup envelopper les camps. Dans chaque quartier général, autour des tentes des chefs de corps, les musiques militaires viennent de jouer les airs du pays, airs mélancoliques jusque dans leurs rhythmes joyeux.

Le *fandango* & la *manchega* vont au cœur de ces jeunes soldats qui hier étaient des laboureurs; ils leur rappellent les bals sous les treilles, les jolies filles aux grands yeux noirs, qui, vives & prestes, portent l'œillet à l'oreille. L'Aragonais, en entendant la *jota* nationale, vive & précipitée ; le Galicien, en écoutant la *muneira*, frappent le sol malgré eux, & les airs basques, doux & tristes, rappellent au paysan des côtes cantabriques le flot bleu qui baigne ses plages, ses plaines, ses vallées ombreuses & sa maisonnette blanche abritée sous les noyers.

Les bivouacs s'allument; on sonne le couvre-feu; les sentinelles, enveloppées dans leurs mantes, passent & repassent devant les tranchées, les gardes de nuit se groupent comme des ombres autour des foyers, & le silence succède à la vie intense d'une armée groupée sur un point. Les chevaux au piquet poussent un hennissement sous le froid de la nuit; une mule, brisant son lien, s'échappe à travers une file de tentes, lance ses ruades, se prend aux cordes qui barrent le chemin & soulève les malédictions de ceux dont elle ébranle la maison de toile. On va s'endormir après une journée accablante, non sans jeter un dernier regard sur les collines où, comme des lucioles cachées dans l'herbe, brillent les feux du campement ennemi : c'est la nuit close. De l'autre côté du détroit, les serenos d'Andalousie chantent d'une voix monotone : *Ave Maria purissima!* Dans ces plaines, à cette heure, les grenouilles des marais troublent seules la solitude de leurs éternels coassements; les chacals aux cris fauves rôdent dans la plaine & vont déterrer les cadavres sous la terre fraîchement remuée.

Souvent, la nuit est cruelle, le vent souffle avec violence, une pluie torrentielle traverse la toile, l'eau ruisselle sur l'aire, & sous l'effort de la tempête la tente se renverse. On fait lever les ordonnances qui sont là, à côté, sous leur abri en bonnet de police; les braves troupiers redressent le palan & plantent des piquets. Une heure après, une seconde rafale renverse encore le frêle édifice; & comme on est plongé dans un demi-sommeil, on reste jusqu'au jour blotti sous ces plis, que traverse une pluie africaine.

Souvent on est inquiété toute la nuit,

les Maures viennent en maraudeurs, à plat ventre dans l'herbe, la gumia aux dents, coupant les entraves des chevaux, enlevant les sentinelles endormies, renversant les retranchements élevés la veille sous le feu de l'ennemi, & dans les ténèbres il y a des luttes silencieuses, des cris étouffés & des drames sans témoin ; on combat corps à corps. En entendant les coups de feu, on saute malgré soi sur ses armes ; mais tout se tait & le silence enveloppe de nouveau le campement.

Cependant le jour vient, faible, crépusculaire, & le premier son de la diane se fait entendre ; le vent a balayé les derniers nuages ; l'ordonnance jette au vent les deux ailes de la tente ; les camps sont encore baignés dans la brume ; le soleil lutte & perce avec peine l'épais brouillard ; les clairons se répondent d'un corps d'armée à l'autre ;

de minces colonnes de fumée s'élèvent dans l'air; les assistants courent affairés de tente en tente; les officiers se lèvent, & leur premier regard est pour ces hauteurs à l'horizon où se dressent les camps ennemis. Tout ce que l'on sait de l'alerte nocturne, c'est que l'herbe est tachée de sang; on suit ces traces sanglantes jusqu'aux berges de la rivière; un cadavre maure est resté caché sous une touffe. Le jour est venu; tout s'anime; les sentinelles qui forment le front de bandière vont à la découverte.

Demi-courbé, le fusil en avant, couvert de la mante grise qui le cache de la tête aux pieds, chacun marche avec précaution, sondant chaque repli de terrain, battant chaque buisson, chaque touffe; on avance en reconnaissance, assez loin si on est en plaine, on gravit les sommets pour voir à distance si le terrain est mouvementé.

Les chants s'élèvent, la ville ambulante se meut & respire, des détachements vont à la plage décharger leurs armes humides après cette nuit pluvieuse, les cavaliers vont faire boire les chevaux, les cuisines fument, & dans le fond d'un ravin, afin d'en dérober le plus possible la vue à toute l'armée, de longs chapelets de civières défilent vers la plage. Ce sont les cholériques atteints depuis cette nuit, qu'on embarque à bord des hôpitaux flottants.

Dans la rue que forment les tentes du quartier général, le maréchal O'Donnel, un grand vieillard courbé & silencieux, levé avec le jour, passe & repasse, arpentant de long en large, la tête presque constamment courbée vers la terre, vêtu d'une longue houppelande dont le col redressé cache le galon d'or du képi, & dont les pans battent le pantalon rouge. De temps en temps il regarde la mer avec inquiétude. C'est sa constante préoccupation : si le vent s'élève, l'armée peut être isolée de ses magasins flottants.

On distribue les rations, on mange de bon appétit le riz éternel & la rude galette, puis on suit des yeux, au loin, un navire qui fume, un canot qui aborde à la plage, un groupe escorté par un faible détachement parti de la douane, & qui traverse trop lentement la plaine Martyns : c'est le courrier.

LE COURRIER.

Le courrier du camp, c'est-à-dire la patrie, la famille, les nôtres, tous ceux qui, de là-bas, nous suivent avec anxiété : pour eux c'est l'Espagne, pour moi c'est la France : pour tous, c'est la mère, la sœur, l'amante. C'est une fièvre, tout le camp est sur pied, on entoure le groupe qui, sur son passage, a déjà rallié une seconde escorte impatiente ; on assiége la tente, on double les sentinelles. Mais il faut classer les lettres par corps d'armée, par armes, par régiments.

Tous les vaguemestres sont là, vieux sergents chevronnés, qui ont porté dans leur gibecière des douleurs, des joies, des espérances, des sanglots, & des bénédictions, le tout sans y penser. Ils iront de tente en tente, mais on n'a pas eu la patience de les attendre & les officiers sont là, inquiets & agités. On interroge, on ne veut pas croire qu'il n'y ait rien. Un courrier sans écrire ! Il faut chercher encore. Enfin, on part tout triste, pendant que ceux qui sont plus favorisés s'en vont à l'écart & brisent rapidement les cachets.

Le soir on répondra, appuyé sur une

vieille caisse de biscuits vides, qui sert de table, à la lueur d'une bougie vacillante passée dans l'anneau d'une baïonnette dont la pointe est fixée en terre. Une lettre est là qui ne sera jamais décachetée & à laquelle on ne répondra pas. — Celui qui devait la lire dort sous le sable des grèves, loin de tous ceux qui l'aimaient.

Mais il règne un certain mouvement dans le camp; un officier d'état-major est entré dans la tente du général en chef; on demande les chevaux &, le premier en selle, le général part sans attendre ses aides de camp. Les Maures ont attaqué. Les régiments se forment un à un, les officiers du quartier général rejoignent l'état-major ; on traverse les tranchées, des bataillons passent au pas de course; déjà on entend les feux intermittents des guérillas. On court au feu ; on a oublié les fatigues de la nuit.

Un troupier nous fait coucher
par terre à côté de lui.

CHAPITRE II.

AUX GUÉRILLAS. — LE PREMIER FEU.

Chaque jour les Maures viennent harceler l'armée, c'est une incessante attaque qui n'a pas de résultats sérieux, mais qui suffit à tenir le soldat en haleine & lui interdit tout repos. Les nuits sont froides, la pluie, une pluie africaine, traverse la tente, le sol est humide. Le sommeil est un hôte qu'on ne connaît plus qu'après une journée de marche ou au soir d'une sérieuse attaque, quand on est prostré par la fatigue ; mais quand le clairon sonne & qu'on voit les régiments se former précipitamment, on oublie tout.

Jusqu'à présent ce sont à peine des escarmouches, c'est la guerre des *guérillas*. On ne voit pas l'ennemi, on l'entend, on le *sent*, quand on est frappé, mais il faut la pratique de cette guerre pour apprendre à le voir & à le suivre.

Nous allons pour la première fois aux guérillas avec une compagnie de chasseurs de Segorbe, on nous fait descendre de cheval, les officiers supérieurs mettent pied à terre aussi, & nous avançons. Les chasseurs se séparent & se couchent à plat ventre dans l'herbe sur une hauteur d'où on domine d'immenses ravins. Les officiers debout, appuyés sur leur arme, s'abritent derrière une touffe de verdure ; de l'autre côté, sur une hauteur presque aussi élevée, se tient l'ennemi. On ne le voit point ; nous le cherchons, nous interrogeons de la lorgnette les crêtes & les parapets ; il nous échappe toujours.

Un troupier nous fait coucher par terre à côté de lui, & nous indique des pierres grisâtres, rochers presqu'à fleur d'herbe, d'où s'échappent de temps en temps des flocons de fumée.

Une forme grisâtre se détache du rocher gris, puis une autre encore ; la plaine s'anime, l'œil s'habitue & perçoit peu à peu, comme à l'heure du crépuscule. Ils peuvent être cent ou mille, la terre les engendre, ils sont là tapis comme des fauves, on sent qu'ils vivent dans l'intimité de cette nature tourmentée ; ils connaissent chaque repli, chaque touffe d'herbe, chaque pierre, on dirait un troupeau couché dans les landes; ils se confondent avec la plaine & ils en font partie. Combattant sans chef, sans ordre, sans plan, sans parti pris, chacun d'eux harcèle l'ennemi à sa façon; quelques-uns, retranchés derrière une ligne de rochers qui les abrite comme un parapet, nous épient de là, comme nous les épions à notre tour, & font un feu bien nourri. Les balles sifflent & écorchent les troncs des petits chênes-liéges; de temps en temps un soldat qui charge son arme à genoux, jette un cri & s'écarte, les civières sont à cent pas de nous avec le peloton des ambulances; les aides & les chirurgiens, déjà prêts, ont à la main leurs trousses & pansent les blessés.

La fusillade redouble. En suivant attentivement, on voit de toutes parts accourir, la longue espingarde à la main, des bandes de Maures vêtus du burnous gris ou brun sombre. Ce ne sont point là les troupes marocaines, ce sont les hordes d'Anghera qui viennent harceler les Espagnols par amour de la lutte. On sait à peine qui ils sont, d'où ils viennent; ils ne tentent rien, ils n'aspirent à rien, sinon à inquiéter l'ennemi, à le fatiguer, à faire parler la poudre. Cela dure dix heures de suite, sans pertes réelles, sans profit pour aucun; mais cela tient les deux camps en haleine & empêche tout repos. Parfois, quelques montagnards, plus audacieux & plus familiers avec ces ravins sauvages, descendent dans les *barrancos* en poussant des cris, cris aigus, cris de femmes ou d'enfants qui leur sont familiers; ils tentent d'arriver jusqu'à nous en s'accrochant aux lianes, aux pierres, profitant de chaque accident de terrain pour se dérober ou pour tirer à l'abri du feu. Le chef qui commande sur ce point fait appeler une compagnie de forçats des présides de Ceuta & leur ordonne de descendre dans le ravin. La chasse à l'homme commence; un lieutenant de Bourbon commande ces condamnés, & du haut de notre cime nous suivons cette lutte curieuse; mais le troupier qui m'a appris à *voir*, qui s'est levé pour charger son arme, reçoit une balle dans la cuisse & s'éloigne en me disant simplement : « J'en tiens! » Un lieutenant de Ségorbe vient me dire de m'éloigner, & je rejoins, caché dans un pli de terrain, le groupe des officiers & l'ambulance volante. C'est là *la guérilla*.

Dans les autres guerres, on sait le nombre des ennemis, ses ressources, le nom des chefs qui commandent, leur histoire & leur caractère, les qualités du soldat, ses défauts. Des Maures on ignore tout, &, jusqu'à présent, nous n'avons point vu leur armée, leurs tentes, leurs douars. Ils sont venus hier, ils viendront demain, on ne les a pas encore contemplés face à face. A peine une fois a-t-on pu charger à la baïonnette un groupe de montagnards qui s'étaient aventurés jusqu'à nos tranchées. Ceux qui nous harcèlent ainsi ne font certainement pas partie de l'armée régulière, ce sont les hordes d'Anghera, qui ne reconnaissent même pas pour suzerain l'empereur du Maroc & lui refusent l'impôt, celui-ci les punit de temps en temps en envoyant un détachement de l'armée régulière couper les arbres fruitiers & souiller les sources; ils s'avancent contre nous par amour du sol natal & par penchant pour la lutte.

« La terre s'entr'ouvre sous leurs pas. »

CHAPITRE III.

BATAILLE DE CASTILLEJOS. — LES HUSSARDS DE LA PRINCESSE.

La journée de Castillejos est restée confuse dans mon esprit. Nous ne vîmes ce jour-là que du feu & du sang;

sans comprendre aucun des mouvements, sans deviner le plan d'attaque. Le Maure est un terrible ennemi; toute sa stratégie est de n'en point avoir; on ne surprend point son secret, il vous échappe à tout instant; quand on croit l'écraser, il se débande, il se volatilise pour ainsi dire, & fantassin & cavalier, obéissant à une tactique personnelle, reviennent bientôt harceler l'ennemi sans attendre le commandement d'un chef.

Au milieu de cette confusion sanglante, un épisode précis me revient à la mémoire, épisode très-dramatique & qui eut une grande influence sur l'issue de la journée.

L'armée entière marchait sur Tetuan, en suivant autant que possible la plage, afin de ne pas se laisser envelopper. La marche durait depuis plusieurs jours déjà; on disputait le terrain pied à pied,

& il était rare qu'un jour se passât sans attaque. Cette fois, l'armée marocaine, commandée par le frère de l'empereur du Maroc, avait résolu d'arrêter les Espagnols dans leur marche. Elle les attendit cachée dans des ravins formés par les premiers mamelons d'une montagne, occupant les sommets de ces contre-forts & décidée à empêcher la descente dans la plaine de Castillejos.

Le corps de réserve devait attaquer ces hauteurs, les occuper & s'y maintenir en laissant le passage libre du côté de la mer à tous les corps d'armée qui défileraient pendant qu'il occuperait l'ennemi.

Ces hauteurs furent prises & reprises plusieurs fois. Alors qu'on s'y croyait solidement établi, un violent effort de l'ennemi obligeait à les abandonner pour les reprendre encore. C'est dans un de ces mouvements que se produisit l'épisode que je veux raconter.

La plaine formait une sorte de cirque entouré de collines & fermé par la mer; les hauteurs qui regardaient la plage étaient coupées par un vallonnement, une sorte de gorge, dont les crêtes étaient boisées; dans le fond de ce ravin, cachées à tous les yeux, étaient dressées les tentes ennemies qu'on ne pouvait voir que de certaines hauteurs qui n'appartenaient pas encore aux Espagnols.

Les Maures qui occupaient les sommets élevés, voyant que le passage de la plaine s'effectuait, se ruèrent à la fois dans la plaine, par la gorge ouverte à leur cavalerie, & sur les hauteurs, avec leurs fantassins, auxquels les terrains escarpés étaient familiers. Les troupes en marche qui passaient en côtoyant la mer étaient protégées par deux escadrons des hussards de la Princesse ; on envoya à ceux-ci l'ordre de repousser la cavalerie ennemie pendant que là-haut, dans la flamme & dans la fumée, les chasseurs défendaient le terrain pied à pied, tantôt vainqueurs, tantôt vaincus.

La charge des hussards s'annonça brillante comme une passe d'armes, les beaux cavaliers maures de la garde noire s'avançaient lentement comme en parade, les haïks blancs flottaient au vent, les battas rouges éclataient, & les cris de *Perros! perros!* (Chiens! Chiens!) poussés par les cavaliers noirs, arrivaient jusqu'à l'état-major général, qui assistait au combat du haut d'un monticule. On commanda la charge, on entendait au milieu du feu la sonnerie persistante, la note aiguë du clairon qui sonnait l'attaque ; il y eut une mêlée terrible, un choc sanglant. Les Maures, cette fois, resserrés dans cette gorge, ne purent se disperser; ils fuyaient ventre à terre, ne s'arrêtant même pas, selon leur habitude, pour disputer à l'ennemi leurs blessés & leurs morts. Ils disparurent bientôt dans un repli de la gorge, & les hussards, ne voyant plus d'ennemis devant eux, se reformaient & ralentissaient leur marche, quand, arrivés au détour, ils aperçurent au flanc d'un monticule les tentes ennemies qui se détachaient blanches sur une colline verte. Il y eut là un moment d'enthousiasme, &, sans penser qu'en s'élançant plus avant, on laisse en arrière un ennemi embusqué dans les broussailles qui couronnent les escarpements de la gorge, les escadrons s'y engouffrent.

Bientôt la terre manque sous leurs pas, chevaux & cavaliers roulent dans les fossés qui s'entrouvrent; celui-ci se renverse sur celui-là, les chevaux cherchent à se relever, les cavaliers s'écrasent les uns les autres, & la seconde section avance toujours, lancée à fond de train. Le fossé est comble, un second escadron vient derrière & passe sur ce pêle-mêle d'hommes & de chevaux, chargeant avec une impétuosité d'autant plus grande qu'il laisse derrière lui ce gouffre comblé par les siens. La terre couverte de fleurs & qui semble solide s'entrouvre trois fois de suite, & les premières sections disparaissent englouties dans ces fossés perfides qui servaient de défense au camp des Maures. L'ennemi profite de ce trouble, revient sur ses pas, fond sur les cavaliers désarçonnés ou engagés sous leurs chevaux; il frappe avec des cris sauvages pendant que, de chaque côté de la gorge, chaque bosquet, chaque pierre, chaque accident de terrain est devenu une forteresse d'où on fait pleuvoir sur les hussards une grêle de balles.

Cependant quelques hussards du dernier escadron, fous de rage, se regardant comme perdus, exaltés par la vue des tentes, pénètrent jusque dans le camp, enlèvent un drapeau, se battent corps à corps & rentrent dans le sanglant vallon; l'un d'eux emporte sur l'arçon de sa selle un de ses compagnons blessé & entièrement nu, dépouillé par les Maures; ils rasent les parois de la gorge comme l'avaient fait les cavaliers ennemis pour éviter les fossés, repassent sous la grêle des balles & rentrent dans la plaine de Castillejos où l'armée, dans une anxiété terrible, a cependant effectué sa marche en côtoyant la mer.

Par un curieux hasard, quelques jours auparavant, en errant dans le camp, l'album à la main, j'avais lié connaissance avec un des officiers des hussards de la Princesse, je l'avais suivi sous la tente; on m'avait présenté & accueilli

Chapitre III.

J'étais ainsi devenu l'hôte des hussards. J'avais donc suivi avec émotion cette charge meurtrière, & je courus aux ambulances. Les deux chefs d'escadron étaient blessés, le corps d'officiers, presque entier, blessé aussi. Un capitaine, nommé Valledor, frappé d'un coup de gumia qui avait entièrement traversé la poitrine, avait été dépouillé de tous ses vêtements par l'ennemi & n'avait dû son salut qu'à une circonstance singulière. En lui enlevant son pantalon, le bruit de l'or avait attiré l'attention des pillards, qui, se voyant maîtres de quatre mille réaux, se précipitèrent sur cette proie. Pendant ce temps-là, quelques-uns des compagnons du capitaine enlevèrent le blessé &, le posant sur l'arçon de la selle, l'éloignèrent du champ de carnage. Un lieutenant, qui était tombé frappé d'une balle, avait eu en un instant la tête séparée du tronc.

A l'ambulance, Valledor n'avait pas repris ses sens, le marquis de Fuente-Pelayo, l'un des lieutenants-colonels, était mourant; l'autre, don Juan de Aldama, malgré sa blessure, voulut nous expliquer l'horrible situation; il nous demanda notre album & nous traça d'une main tremblante le plan de la gorge, la position des fossés, celle des tentes ennemies & des parapets fortifiés d'où les Maures faisaient pleuvoir des balles pendant la charge.

Un jeune chef d'escadron, le seul peut-être qui fût sorti sain & sauf de cet enfer, Gorostarzu, brave comme son épée, mourut du choléra à Tetuan; enviant le sort de ceux qui étaient restés à Castillejos, dans les fossés de la gorge.

CHAPITRE IV.

LES ENFANTS DE TROUPE.

L'armée comptait plusieurs enfants de douze à quinze ans, la plupart servant de clairons & attachés à un colonel ou à un général. Quelques-uns se conduisirent admirablement. Vifs, rapides, malins, toujours dispos, ingénieux & rusés comme des sauvages, ils étaient sans cesse en avant les jours de combat. Les autres jours on les trouvait jouant aux billes ou à la marelle dans leur camp, ou faisant des sifflets avec des roseaux.

Un jour un fantassin du Riff, au milieu de l'action, voyant devant lui un clairon, gamin de treize ans, qui soufflait dans son « turlututu, » comme le fifre du grand Frédéric, abaissa sa gumia prête à frapper, saisit l'enfant à bras-le-corps, le chargea sur son dos & battit en retraite, emportant son petit ennemi.

Le jeune clairon se prit à crier à tue-tête, on l'entendit, & deux chasseurs s'élançaient la baïonnette en avant, lorsqu'on vit soudain le colosse du Riff chanceler & s'affaisser sur l'herbe avec son fardeau. Quand les chasseurs voulurent dégager l'enfant, ils virent que l'ennemi était couvert de sang. A cheval sur les épaules de son ravisseur, le gamin avait profité de ce qu'il avait les bras libres pour fouiller dans sa poche, en tirer une de ces terribles navajàs andalouses dont la lame est large comme celle d'un kandjiar, & d'une main ferme il avait tranché l'artère carotide.

L'enfant, très-ému, mais qui cependant ne perdait pas la tête, essuyait tranquillement sa navajà quand on vint à lui. Les trois compagnons rentrèrent dans la file, & conduisirent l'enfant au colonel qui le fit conduire au quartier général.

Fêté partout sur son chemin, le gamin arriva jusqu'au maréchal, qui l'interrogea, lui fit raconter l'aventure & lui dit :

« Je te donne la croix de Maria-Luisa.

— Je l'ai déjà, mon général, reprit vivement l'enfant en faisant le salut militaire.

Le général, interdit, se mit à rire, lui donna une calotte, fouilla dans ses poches sans y trouver un sou & se tourna vers ses aides de camp. Un instant après, le jeune héros, nullement intimidé, s'éloignait en courant, faisant sonner ses douros dans ses deux mains.

UNE CANTINIÈRE FRANÇAISE.

Rosette Grombach, cantinière française qui suivait les Espagnols pendant cette campagne, a laissé dans l'armée une grande réputation de bravoure & de bonté.

C'est le jour du passage du Cabo-Negro que nous la vîmes pour la première fois. J'ai dit qu'elle était cantinière, mais c'était presque une sœur de charité.

Elle suivait l'armée avec son mari, pourvue de provisions & réservant son eau-de-vie pour les blessés & rien que pour les blessés. Elle restait exposée au feu ou aidait les chirurgiens dans les ambulances. Sans poétiser cette figure, je puis dire que jamais nous ne la vîmes qu'à la fumée du champ de bataille. Il semblait qu'elle se cachât les jours de repos. Ayant fait la campagne de Crimée & la campagne d'Italie, elle alliait à un sang-froid imperturbable une grande habitude du feu.

Comme cette brave personne avait composé une sorte de tisane aromatisée qui soulageait les blessés, on la voyait aux ambulances, courant d'une civière à l'autre, infatigable & toujours prête, nuit & jour; n'étalant aucun uniforme, douce, distinguée, pleine de réserve. Les troupiers s'étaient attachés à elle & les officiers la révéraient; elle reçut la médaille commémorative du Maroc & la croix d'Isabelle la Catholique.

C'était un beau contraste avec ces brigands dont on ne se méfie point, aventuriers de bas étage, qui suivent les armées sous prétexte de vendre au soldat le tabac & l'eau-de-vie, le rançonnent, s'enrichissent, & sont toujours prêts, les jours de bataille, à fouiller les blessés & à dépouiller les morts.

Le maréchal O'Donnell au feu.

CHAPITRE V.

LE CAMPEMENT DE LA FAIM.

L'armée espagnole se ravitaillait par la mer. Une escadre entière, composée de bâtiments marchands frêtés pour la circonstance, longeait constamment la côte & servait de magasins flottants.

D'énormes lettres peintes sur le flanc des navires désignaient l'usage auquel chacun d'eux était destiné : sur celui-ci on lisait « farine », sur celui-là « avoine », sur l'autre « hôpital ».

On appelle le *levante* le vent qui règne dans ces parages du Maroc ; il pousse fatalement les navires à la côte. Une fois déjà, une jolie corvette, *la Rosalia,* était venue échouer sur le sable, & nous avions vu l'ennemi disputer aux flots ses derniers débris.

Cinq ou six jours après la bataille de Castillejos, le *levante* souffla, la flotte leva l'ancre ; l'armée se trouva isolée. Le 4, on avait distribué des vivres pour trois jours ; le 8, l'armée entière commença à souffrir de la faim. Tout le jour on vécut de galette & d'une eau saumâtre. A chaque instant, en menant boire les chevaux, les cavaliers, voyant le sang couler de leurs naseaux, introduisaient leurs mains dans la bouche des pauvres bêtes & en retiraient des sangsues. Ni les officiers, ni les soldats ne tentaient plus de boire & souffraient de la soif.

Cependant ce jour-là l'ennemi, voyant toutes les mules de l'armée, privées de fourrages, chercher une maigre pitance dans les plaines où coule le Rio-Azmir, tenta de s'en emparer. Le second corps oublia donc un peu la faim jusqu'à l'heure où l'ennemi se retira.

La nuit fut dure, on partageait quelques biscuits de marin & on fumait pour oublier l'heure du *rancho*. Le 9, on trouvait à chaque pas dans le camp des mules mortes de faim; les chevaux, contre l'habitude, résistaient davantage; les officiers généraux eux-mêmes, qui jusque-là avaient eu quelques provisions de luxe en réserve, se trouvèrent réduits au plus complet dénûment.

Le tabac manquait partout, &, pour les Espagnols, c'est une privation insupportable.

Les troupiers, maigres & hâves, restaient silencieux, courageux malgré leurs souffrances ; mais le vent soufflait toujours avec force. Le 10, l'ennemi attaqua ; encore titubants & fiévreux, les pauvres troupiers durent lui faire face. Le maréchal arpentait la rue du quartier général & regardait le large avec une silencieuse anxiété, tandis que, sur une hauteur, le général Garcia, le chef d'état-major, s'était établi en permanence avec des longues vues, interrogeant la mer & l'horizon.

Un silence de mort régnait dans le camp ; trente mille hommes avaient faim, & les blessés & les malades étaient exposés aux intempéries ; toutefois, pas un ne murmurait.

Vers le milieu de la journée, le général en chef O'Donnell fit appeler le général Prim & lui ordonna de rassembler tous les cantiniers, arrieros, conducteurs de chariots, de les enfermer au centre d'une division avec les mules & de marcher sur Ceuta chercher des vivres. C'était une terrible mission. Ce terrain qu'on venait de conquérir pied à pied pendant seize jours & qu'on avait arrosé de sang, le général allait le parcourir avec sa division, il chargerait les mulets, les chariots & reviendrait ravitailler l'armée.

Un vieil Aragonais, qui commandait toute cette bande peu catholique, demanda au général la permission de parler à sa façon à ces hommes qu'il connaissait mieux que lui & qui n'entendaient rien à l'épique.

On connaît le terrible juron classique de l'Aragon. Le capataz le plaçait à chaque phrase & termina ainsi sa haranguë : « Le premier, c...! qui faiblira, c...! c'est moi qui me charge de le crever, c...! » Puis, se tournant vers le général, il lui demanda avec déférence. « Êtes-vous content, mon général ? »

Prim, le Catalan, se prit à sourire.

C'est ainsi que le comique se mêlait au drame dans cette horrible situation.

Cependant les rangs se formaient, & on s'apprêtait à donner le signal du départ, quand des hauteurs où était posté le général Garcia, on entendit le cri des naufragés : « Une voile ! une voile ! » En un instant, le cri se propageant par tout le camp, l'armée entière hâve & morne fut sur pied & se porta aux hauteurs.

En effet, un bâtiment s'avançait, luttant contre le vent, ce n'était qu'un point à l'extrême horizon ; de temps en temps il semblait englouti sous la vague, puis on distinguait de nouveau le panache de fumée. Presque toute l'armée descendit à la plage, suivant avec émotion la lutte engagée contre le flot. Le vent n'était pas apaisé; mais le gouverneur de Ceuta sentait l'immense péril, & les officiers de marine avaient tenu à honneur de risquer leur vie.

Bientôt, doublant la pointe de Ceuta, un second navire parut à l'horizon, puis un troisième......, toute la flotte suivait! Trois heures après le premier cri « une voile! » on distinguait nettement les navires & on pouvait lire sur leurs flancs ces mots pleins de promesses : *arroz, tocino, tabaco* (riz, lard, tabac). L'armée était sauvée.

Le premier bâtiment qui jeta l'ancre s'appelait *le Duero*. Nous n'avons jamais oublié ce nom-là.

Cependant la mer était toujours très-forte, & le débarquement était impossible. Les marins génois, audacieux & habitués à tout risquer sur leurs côtes, voulurent débarquer quand même, & jetant dans les canots des sacs d'avoine & des caisses de biscuits, ramèrent bravement vers la plage.

Le premier canot fut submergé, deux matelots périrent. Puis vinrent quelques-uns de ces radeaux plats, radeaux destinés à opérer le débarquement des troupes, qu'on laissa s'échouer sur la plage; les soldats étaient dans l'eau jusqu'à la ceinture; les matelots, eux, s'efforçaient de jeter à terre des câbles qui auraient servi à les remorquer. Plusieurs heures se passèrent en vains efforts, les sacs d'avoine surnageaient, les caisses de biscuits brisées étaient poussées par la lame, & les troupiers se jetaient à la nage pour s'en emparer. Un canot aborda, dans lequel un industriel, debout sur un banc, un sac sur le dos, se prit à crier : « *Muchachos, tabaco !* » (Les enfants, du tabac !)

Chapitre V.

Ce fut un mot magique, on se précipitait dans l'eau, on jetait de l'argent dans le canot en criant à tue-tête ; enfin on s'empara du sac & le pillage commença.

Le maréchal & son chef d'état-major, qui donnaient des ordres & surveillaient le débarquement, désespéraient de faire observer la discipline.

On n'oublie pas ces scènes-là. O'Donnell avait mis l'épée à la main & chargeait ses propres soldats, Garcia le suivait avec son escorte, qui donnait aussi en riant sous cape, mais les troupiers ne lâchaient pas prise. Enfin, peu à peu, à mesure qu'on débarquait, l'ordre allait se rétablissant. La flotte travailla toute la nuit. Au matin, cent mille rations étaient emmagasinées ou distribuées, & les blessés étaient à bord.

La mer était redevenue calme, & toute cette armée menacée de mort avait déjà, aux premiers feux du soleil levant, au premier son de la diane, oublié les souffrances de ces deux mortels jours. Par-ci par-là, quelque cheval soufflait étendu sur le sol, & des cadavres de mules gisaient sur le sable de la plage.

Les géographes appellent cette plage, qui vit l'immense désastre du grand roi de Portugal, la côte de don Manuel; les soldats espagnols, eux, l'appellent encore aujourd'hui « le campement de la faim. » Peu s'en fallut qu'elle ne fût célèbre dans l'histoire par un second désastre, plus horrible que le premier.

« Où est la balle? dit le maréchal. »

CHAPITRE VI.

MORT DU BRIGADIER DOLZ. — SANG-FROID D'OD'ONNELL.

Au combat de Guad-el-Jelu, j'ai vu tuer dans nos rangs le commandant général de l'artillerie, dans des circonstances qui m'ont vivement frappé.

La cavalerie espagnole était massée à notre gauche ; l'artillerie, rangée en batterie, était devant nous, & depuis une heure déjà avait ouvert le feu. Le quartier général se tenait à cheval, sur trois de front, à quelques pas des batteries, & le maréchal observait les résultats du tir. De temps en temps les balles sifflaient à nos oreilles, &, traversant les rangs dans toute la profondeur, l'une d'elles avait été, par un hasard singulier, frapper le dernier de tous les cavaliers.

La victime était un des deux courriers de cabinet, qui se trouvaient toujours au camp à la disposition du président du conseil. On observait de temps en temps que la place choisie par le général en chef était trop périlleuse pour lui. Bientôt nous vîmes l'auditeur de guerre Castillo quitter les rangs après avoir reçu une forte contusion à la poitrine; puis ce fut un des gardes civils de l'escorte qui, encore plus loin du feu que le quartier général & faisant groupe à la suite, eut le bras cassé par une balle. Un des aides de camp se pencha alors vers le maréchal & lui dit respectueusement:

« Mon général, vous n'êtes pas bien ici.

— C'est que je n'entends pas les balles, répondit simplement O'Donnell. » Prenant alors une lorgnette des mains de M. Coy O'Donnell, son neveu & son aide de camp, il se remit à suivre les effets du tir.

Pendant qu'il observait attentivement, le cavalier qui occupait la droite du maréchal tomba brusquement sur le cou de son cheval, en criant : « Ils m'ont tué, je ne vois plus clair, » & il porta la main à ses yeux; un flot de sang coulait le long de son visage & tachait sa barbe grise; l'épée était tombée à terre.

« Où est la balle, dit le maréchal au

colonel Pacheco? en lui rendant la lorgnette.

— A la tête, mon général.

— Alors il est mort, dit O'Donnell, quand la balle fait « tac, » elle ne pardonne pas. »

Nous étions blême, — je parle pour moi, — très-mal à notre aise & comme terrifié par cet horrible sang-froid; mais bientôt O'Donnell, comme s'il voulait venger la mort de Dolz, rassemble son cheval, appelle tous ses aides de camp & les lance, d'une voix tonnante, sur tous les points du champ de bataille, pour commander une attaque générale.

Le corps de Dolz, porté sur une civière, passa devant nous; il était couvert d'une capote d'uniforme, mais le bras pendait inerte, &, se balançant hors de ce linceul de champ de bataille, montrait à tous, à la manche, les insignes du haut grade de celui que l'armée venait de perdre. En traversant les batteries d'artillerie en attente, tous les officiers venaient au-devant du groupe funèbre & demandaient avec anxiété : « *Herido o muerto?* » (Blessé ou mort?)

— Mort! répondaient gravement les troupiers, & l'ordonnance du brigadier, tenant en main son cheval & portant son képi galonné & ses armes, suivait en contenant avec peine ses larmes.

Malgré l'ivresse du champ de bataille, nous commencions à comprendre ce qu'il y a de larmes au fond de ce mot flamboyant : « la guerre ! »

« Nous nous maintenons assis sur le caisson. »

CHAPITRE VII.

LE SENTIMENT DE LA PEUR. — UNE CHARGE
D'ARTILLERIE. — BUTIN.

A cette même journée de Guad-el-Jélu, nous nous trouvâmes démonté vers la fin de la journée, forcé de rendre au colonel Vélasco le cheval qu'il nous avait prêté. Le combat était d'un grand intérêt, fertile en épisodes & en situations critiques; & la ligne de bataille étant très-étendue, nous dûmes faire quatre ou cinq lieues toujours courant, souvent mouillé jusqu'au genou, dans un terrain plein de marais & de lagunes.

A mille mètres de l'endroit où nous nous trouvions, l'escadron des cuirassiers du roi chargeait la cavalerie ennemie avec beaucoup d'impétuosité. Les officiers combattaient à coups de révolver; la mêlée était complète. De temps en temps, jusque dans nos rangs, des chevaux, comme pris de vertige, venaient se heurter, entraînant dans leur course un cuirassier pris dans les étriers ou un cavalier noir. C'était un désordre inouï, qui nous fut bientôt dérobé par un rideau de fumée. — Une fois pour toutes, la fumée est le fond de la guerre & désole les artistes.

Nous essayions de suivre de loin cette tuerie, quand, envoyée je ne sais par qui & allant je ne sais où, passe devant nos rangs une batterie d'artillerie, rapide comme un détachement de cavalerie légère. Les mules tiraient à plein collier, les artilleurs sacraient en brisant leurs fouets sur les montures, les trains craquaient & les roues enfonçaient jusqu'à l'essieu. Nous voilà pris d'une curiosité inouïe, d'un désir insensé de *voir*, &, nous accrochant à l'un des caissons, nous nous maintenons assis à la place des servants de pièces. Nous allons ainsi, ventre à terre, emporté dans une course fantastique, aveuglé par les éclaboussures qui nous mouchetaient le visage, secoué, cahoté, obligé de nous pencher en arrière & de nous accrocher des deux mains à la barre de fer. La batterie ne s'arrêtait point, & à tous moments nous nous rapprochions des cavaliers, qui s'entre-choquaient.

Bientôt, dans un nuage rouge qui

passe sur nos yeux, nous voyons se heurter cuirassiers, artilleurs & cavaliers noirs ; les chevaux se cabraient sur les pièces de cuivre, les artilleurs étonnés songeaient à la défense, mais cette mêlée ne pouvait durer qu'un instant ; les cuirassiers se reformaient ; quelques cavaliers maures, pris au milieu d'eux, se débattaient encore ; à côté de nous, un officier essuyait son arme à la robe de son cheval; mais à notre droite on frappait dru, & nous étions là désarmé, crispé sur notre caisson, n'osant pas descendre & cependant n'osant plus rester.

Les Maures, heureusement, étaient en déroute, & l'escadron reformé poursuivait sa marche en avant. Bientôt il n'y eut plus autour de nous que des chevaux sans cavaliers & des cadavres. Comme nous suivions dans le tourbillon les évolutions des rouges gandourah &

des haïks blancs, un cheval arabe vint raser la batterie, harnaché de sa selle rouge & de ses larges étriers d'argent; le petit cheval nerveux battait l'air en levant ses naseaux sanglants. C'était plein de caractère, & la tentation était irrésistible. Il ne nous échappa point qu'il avait une amulette au cou. Comment l'œil perçoit-il un détail infime dans un pareil moment?

Nous sautons à bas, nous nous élançons à la bride & serrons ferme; mais la noble bête, après nous avoir traîné sur le sol pendant un instant, se défait de nous d'un vigoureux coup de tête, &, affolée, ahurie, s'enfonce de plus en plus dans la partie du champ de bataille occupée par les Espagnols. Un instant après, le fournisseur général de l'armée, Caballero del Sas, qui montait un excellent cheval, force celui-ci à la course & s'en empare. La batterie qui nous avait emporté commençait à tonner, l'ennemi avait fui jusqu'aux collines, & les cuirassiers, qui s'étaient reformés, avaient poursuivi leur marche en serrant de près la cavalerie ennemie.

Ce jour-là j'ai bien compris ce qu'était le sentiment de la peur. Au milieu du feu, la peur se traduit par un trouble absolument physique : il semble que le sang, descendant du cerveau comme une épaisse sueur, passe sur les yeux & les couvre d'un voile rouge : j'ai vu du sang dans l'air. La pensée était figée dans le cerveau, &, inactif, n'ayant pas la ressource de brandir une arme inutile, je me souviens d'avoir serré à la briser la barre de fer du caisson. Je passai de la pâleur de la mort à la rougeur subite de la fièvre, &, au milieu de ces différentes transitions, j'ai eu cependant une lueur d'enthousiasme devant un péril grave qu'il fallait subir avec dignité en face de moi-même & en face de ceux qui m'entouraient.

C'est l'orgueil humain, qui jamais ne désarme & relève la bête, lâche & blême, qui va frémir & trembler. C'est aussi la flamme immortelle, la conscience & la dignité de l'homme qui le sauvent de la honte & de la lâcheté.

« Je desserrai le col & l'uniforme. »

CHAPITRE VIII.

UN OFFICIER BLESSÉ.

Brisé d'émotions, ayant suivi tous les mouvements, d'abord à cheval, d'un quartier général à l'autre, puis à pied dans la lagune & le sable, enfin sur ce caisson; violemment surexcité par les efforts de la journée, un peu ivre & éprouvant le besoin de revenir à moi pendant que l'armée poursuivait l'ennemi avec des cris de victoire jusqu'au pied des collines, ou relevait son campement, j'allais m'asseoir à l'écart sur le champ de bataille.

Autour de moi, des cantiniers, des conducteurs de mules ou des maraudeurs remuaient d'un pied sacrilége les cadavres des Maures en les insultant, & leur volaient leurs armes. Un tout jeune soldat vint à moi, & me demanda mon aide pour assister un officier de cuirassiers qui gisait à quelques pas de là. Le nombre des blessés avait été considérable, & les civières manquaient; celui-ci, laissé pour mort, revenait à lui sous l'influence de la fraîcheur qui accompagne la chute du jour.

Pendant que le soldat lui faisait un coussin avec des plantes odoriférantes qu'il cueillait au bord d'un marais, je soulevai la tête du blessé en l'appuyant sur mon genou. Je vois encore cette belle tête pâle, couverte de sang. Je desserrai l'uniforme & le col; le blessé ouvrit les yeux, agita les lèvres, tenta de faire un geste; en portant l'oreille à sa bouche je parvins à l'entendre, il demandait où était la blessure. Il fallut étancher le sang pour savoir où la balle avait frappé; la visière du casque, légèrement déprimée, cachait le front, troué juste entre les deux sourcils. Ce devait être un homme mort.

Laissant là le soldat en le priant de ne point s'éloigner, je courus aux maraudeurs en leur demandant leur aide pour transporter un blessé. Trop occupés de leur lugubre besogne, ceux-ci nous refusèrent leurs secours, &, comme nous les malmenions, ils allèrent jusqu'à nous frapper.

Cependant le temps était précieux, il fallait trouver une civière & courir à la première ambulance; elle était proche, on eut un brancard, trois hommes se joignirent à nous. Une demi-heure après, le blessé avait un chirurgien près de lui.

Par une fortune singulière, la balle, frappant au milieu du front, avait contourné le crâne sous le cuir & était venue ressortir à la nuque; la blessure, effroyable à voir, était cependant légère. Ce fut une bonne journée pour nous.

L'action tue le rêve : quand le corps est brisé, l'imagination est prostrée à son tour. Ce soir-là, nous revînmes lentement aux tranchées, seul, anéanti, & perdu dans un monde de pensées. C'était la première fois que nous voyions la mort en face, non plus celle qui, partie d'en haut, vient fatalement choisir sa victime, mais la mort volontaire que les hommes portent eux-mêmes sur le champ de bataille : nous avions horreur de la guerre.

Une épaisse fumée s'élevait de ce champ de meurtre; on entendait encore au loin le bruit des clairons qui sonnaient la charge, & les sourds tonnerres de l'artillerie. Autour de nous, dans l'immense plaine, tachée çà & là de cadavres aux burnous gris, s'élevaient les brouillards légers du soir & ces mille bruits vagues qui s'éveillent, dans les chaudes régions, au moment où la nuit descend. Ici, c'était la paix de la nature; là-bas, les horribles vociférations de la guerre & son épouvantable carnage.

CHAPITRE IX.

PÈRE ET GÉNÉRAL.

C'est encore pendant cette journée, qui a valu au général Ros de Olano, comte de la Almina, son titre de marquis, que s'est passé l'épisode qui suit.

Le général, voyant les chasseurs de Ciudad-Rodrigo & de Baza, emportés par leur ardeur, s'avancer plus que de raison, tourne la tête, & crie d'une voix brève à l'aide de camp le plus près de lui :

« Ventre à terre! Que ces forces s'arrêtent! »

L'aide de camp qui reçoit cet ordre est le lieutenant Gonzalo Ros de Olano, fils du général, un officier de vingt ans. Il s'avance vers son père, le salue, & part comme un éclair.

Deux routes se présentent pour arriver au point désigné : la première & la plus longue permettait à l'officier de passer par l'arrière-garde & à couvert; l'autre, beaucoup plus courte, le forçait de passer entre deux feux. Le lieutenant n'hésite pas, il lance son cheval & disparaît dans la fumée.

Le général suit des yeux son fils, qui passe sous une grêle de balles; il l'accompagne la lorgnette à la main; son cœur devait battre sans qu'il lui fût permis de montrer son émotion.

Dix minutes mortellement longues s'écoulent, & le lieutenant ne revient pas. Enfin on distingue un cavalier penché sur sa selle qui repasse une seconde fois sous le feu de l'ennemi; quelques Maures qui l'aperçoivent, voyant briller ses épaulettes & ses aiguillettes d'or, le mettent en joue; il presse son cheval, vient se planter, tout haletant, devant Ros de Olano, &, le saluant rigoureusement, rend compte de sa mission :

« Mon général, vos ordres sont exécutés.

— Merci, capitaine, répond le général; » &, lui jetant un regard plein de tendresse & d'inquiétude, il lui demande à voix basse : « Es-tu blessé, mon fils? »

Une minute après, le comte de la Almina se retourne vers le lieutenant & lui demande de lui faire une cigarette; sûr désormais que son fils n'est point blessé, il veut voir si sa main tremble & si son aide de camp est un brave. Gonzalo roule avec dextérité le *papelito* entre ses doigts, &, allumant un amadou, l'offre gravement à son général.

« J'étais bien aise de voir si sa main tremblerait, » me dit plus tard le général Ros de Olano en me racontant cet épisode intime perdu au milieu des mille péripéties de ce grand champ de bataille.

CHAPITRE X.

LE GÉNÉRAL PRIM A CASTILLEJOS.

Pendant que dans la plaine se déroulait le drame que nous venons de décrire, un épisode tout aussi émouvant se passait sur les hauteurs. Le général Prim, à la tête des bataillons del Principe & de Vergara, s'était établi sur les mamelons pour y camper pendant la nuit ; mais comme ces collines formaient une série de contre-forts, il se voyait toujours dominé par une hauteur plus élevée d'où l'ennemi l'inquiétait par son feu. Il attaqua successivement plusieurs positions, s'en empara au prix de beaucoup de sang, essaya de s'y fixer, en fut repoussé, les reprit encore, épuisa ses forces, employa tout ce qui lui tomba sous la main pour conserver ces positions, &, se trouvant au dépourvu, alla enfin jusqu'à lancer contre l'ennemi un bataillon du cinquième régiment d'artillerie. A tout moment les ennemis devenaient plus nombreux ; ils accouraient de Tétouan, de la route de Tanger, des bosquets d'Anghera, & menaçaient d'envahir toute la plaine.

Le général en chef suivait la lutte avec anxiété. Voyant le danger, il détacha deux bataillons de Cordova du corps d'armée du général Zabala pour les envoyer au secours du comte de Reus.

La lutte qui va suivre eut pour cause réelle une équivoque de la part des Maures.

De ces hauteurs si vivement disputées, les Espagnols apercevaient le campement marocain; mais le but de la journée, c'était d'avancer vers Tétouan & non d'enlever les tentes ennemies. On essayait donc seulement de se maintenir, tandis que les Maures, eux, croyaient qu'on avait leur camp pour objectif; ce fut ce qui rendit la lutte si meurtrière.

Les bataillons de Cordova, haletants, gravissaient les collines. Ils arrivent; Prim court au-devant d'eux, leur ordonne de poser les sacs à terre, place un bataillon en réserve, &, pendant que les bataillons del Principe, décimés par les balles, soutenaient tout l'effort de la lutte, il s'élance à leur secours. Le combat était effroyablement inégal; on ne gagnait pas un pouce de terrain, & Cordova, qui arrivait frais & plein d'ardeur, fléchit à son tour. Le général Prim, à la tête de tous, le sabre au poing, luttait comme un soldat; le sol était jonché de cadavres; l'ennemi descendait comme une avalanche. Cordova allait battre en retraite; un instant encore, les positions si cruellement achetées étaient au pouvoir des Maures, & avec elles les sacs du bataillon, que celui-ci dépassait malgré les plus héroïques efforts.

En ce moment solennel, Prim eut une véritable inspiration; de la part d'un soldat, c'est un trait de génie. A cheval, à la tête du bataillon, il fend les rangs, va droit au porte-enseigne, lui arrache le drapeau, &, au milieu de cet enfer, il crie à ses soldats : *Vos sacs sont à vous, mais le drapeau est à l'Espagne; je vais le porter aux Maures, & vous le suivrez*. Il pique des deux & s'élance tête baissée dans la fournaise.

Cordova, électrisé, reprend l'offensive, gravit la hauteur, & recommence la lutte malgré le nombre & la rage des ennemis.

Prim était entouré d'une escorte d'honneur composée de treize jeunes soldats; un cornette de quatorze ans, à pied, à la tête du cheval & le plus près de l'ennemi, sonnait la charge; derrière eux venait le bataillon. Du point où nous étions, on distinguait le drapeau qui passait & repassait dans la fumée; tout le monde tremblait pour le général; mais bientôt on voyait sa bannière onduler au-dessus des têtes. La petite escorte diminuait à chaque instant : sur quatorze, sept étaient couchés sur le sol. Le petit clairon sonnait toujours & le drapeau flottait encore.

Cordova montait lentement, ployant sous le feu, puis se redressant. Peu à peu la hauteur pelée, couverte naguère de haïks blancs, se moucheta d'uniformes sombres qu'on distinguait dans la fumée. Bientôt enfin la silhouette du général, entouré de ses quelques soldats couronna la crête & comme tout à l'heure les burnous blancs étaient descendus comme une avalanche vers la plaine, les uniformes montaient à leur tour comme une marée furieuse. Les renforts arrivèrent; Simancas suivait Cordova, puis vint le général Zabala avec les régiments de Léon, d'Arapiles & de Saboya; on entendit d'immenses clameurs, un cri de « Vive l'Espagne! » s'échappa de toutes les poitrines; les soldats couronnaient les hauteurs & s'y établissaient définitivement.

Terrifiés par cette incroyable énergie, les Maures, qui croyaient toujours qu'on voulait prendre leur camp, levaient précipitamment leurs tentes & se retiraient emportant morts & blessés.

Cependant, du monticule où il était arrêté à la tête de son état-major, le maréchal O'Donnell, si froid & si inaltérable, suivait avec émotion cette terrible attaque. Au moment où Cordova, écrasé par le nombre, cédait & dépassait ses sacs, on vit tout à coup le maréchal s'élancer seul, à fond de train, descendant le vallonnement, & s'élançant brûlant la plaine, debout sur les étriers, laissant là son état-major & hurlant sur son passage, de sa voix sourde « *A eux! — à eux! — qu'on les soutienne, la baïonnette! la baïonnette!* » Il dévorait la route, & les régiments épars sur son chemin, placés dans les bas-fonds & ignorant par conséquent ce qui se passait sur la crête, en voyant le maréchal seul, l'épée à la main, le visage enflammé, s'élancer vers les hauteurs & disparaître dans la fumée, portaient partout l'alarme. Bientôt le quartier-général, sans ordre, hésitant & surpris, s'ébranla à son tour sur la trace du maréchal, &, quand O'Donnell arriva au pied du mamelon, acheté au prix de tant de sang, le général Prim vint froidement au-devant de lui, & lui dit en se découvrant : « Mon général, ici c'est moi qui commande, votre vie ne vous appartient pas & votre place n'est pas au milieu du feu : — tout est terminé, d'ailleurs. » Prim était calme, mais sa voix était entrecoupée. Autour de lui, ses soldats étaient silencieux, comme terrifiés, & encore sous la terrible impression de cette héroïque défense.

La conduite des Maures ce jour-là donna aux Espagnols la plus haute idée de leurs ennemis.

CHAPITRE XI.

LE COMTE D'EU, FILS DU DUC DE NEMOURS.

Le 23 janvier, jour de San Ildefonso, fut une des journées les plus fertiles en événements. On ne raconte pas les mille épisodes d'un seul jour de combat, & il y a des drames terribles, des luttes obscures, des dévouements inouis, des péripéties lugubres, qui n'auront jamais d'historien & n'ont pas eu de témoin.

Une guérilla détachée d'une division récemment arrivée d'Espagne avait franchi un marais, & s'avançant imprudemment contre un ennemi trop nombreux, allait être enveloppée. Le général Rios, voyant le péril, lance le bataillon de Cantabria à son secours, les troupiers entrent dans l'eau jusqu'à la ceinture, lèvent les armes en l'air &, tant bien que mal, franchissent le marécage laissant là quelques-uns de leurs compagnons, car ceux qui tombaient dans cette fange ne pouvaient plus se relever.

Voilà donc Cantabria isolé de l'armée & face à face avec l'ennemi qui comprenait tout l'avantage de la situation & grossissait à chaque instant. Trois fois déjà le maréchal O'Donnell avait envoyé l'ordre de sacrifier la guérilla plutôt que de compromettre des forces plus nombreuses, mais le marécage était là, & les ordres n'arrivaient pas.

Du point où nous étions, nous voyions grossir à tout moment les rangs des cavaliers ennemis, paraissant obéir à une tactique, à une discipline, & faisant partie de la garde amenée récemment par Muley-Ahmed, second frère de l'empereur du Maroc.

Une fois sur la terre ferme, le général Rios rassemble ses soldats & voyant venir à lui en bon ordre les cavaliers noirs, fait former le bataillon carré & s'enferme au centre.

Les Maures ne comprenaient point & venaient se heurter contre cette muraille hérissée de baïonnettes & qui, d'instant en instant, vomissait la flamme. Mais comme le nombre des cavaliers noirs augmentait à chaque instant sur ce point-là, Cantabria devint le centre vers lequel le maréchal fit tout converger. Le reste de la division Rios, spectatrice de l'autre côté du marais, allait le franchir à son tour, O'Donnell avait décidé que le général de cavalerie Galiano réunirait tous ses chevaux, l'artillerie elle-même devait suivre, malgré les difficultés du terrain.

Je n'entends pas peindre ce choc énorme, le passage des marais par l'artillerie, les mules tirant à plein collier, le mouvement, l'enthousiasme, les cris qui arrivaient jusqu'à nous « Ne pas mouiller les armes! » les charges de la cavalerie & la cruelle position des escadrons pataugeant dans ces marécages : mais il y eut là un infiniment petit épisode perdu dans ce grand mouvement qui mérite d'être rapporté.

Au moment où les escadrons des lanciers de Farnèse passaient à fond de train pour aller dégager Cantabria, un jeune officier des hussards de la Princesse, qui faisait partie de l'état-major du maréchal O'Donnell, quitta brusquement les rangs du quartier-général & s'incorporant à l'escadron, chargea bravement l'ennemi. On avait vu deux cavaliers s'élancer à sa suite, essayant de le retenir sans parvenir à lui faire abandonner le poste qu'il avait choisi. Les escadrons disparurent dans la fumée, la situation était chaude, ce détail échappa donc à presque tous. Mais une heure après, au moment où le maréchal de camp qui commandait la cavalerie présentait au maréchal O'Donnell un étendard qu'un de ses lanciers avait pris à l'ennemi, il l'informa qu'on avait constaté au milieu de l'escadron des lanciers de Farnèse la présence du comte d'Eu, fils du duc de Nemours, qui avait bravement soutenu le feu, malgré les respectueuses observations de M. de Velarde, aide de camp du duc de Montpensier, qui s'était joint à lui, & malgré les prières d'un vieux serviteur de la famille, qui avait aussi voulu le suivre.

Le comte d'Eu avait alors dix-huit

ans & voyait le feu pour la première fois. Pendant qu'on opérait la retraite, au moment où les généraux des différents corps d'armée étaient réunis au quartier-général, le maréchal donna l'ordre d'arrêter & fit appeler son jeune aide de camp.

Le lieutenant s'avança la main au schako & salua le général en chef.

« Monseigneur, lui dit O'Donnell, je suis fier que vous ayez reçu sous mes ordres le baptême du feu ; vous avez fait vos premières armes avec la bravoure habituelle à ceux qui s'appellent les « d'Orléans. » Je vous nomme au nom de la Reine, chevalier de l'ordre militaire de San Fernando. »

Le maréchal chercha sur sa poitrine sa propre plaque, mais comme jamais il ne portait d'insigne, un de ses aides de camp détacha la sienne & la lui offrit.

Chapitre XI.

Le comte d'Eu était alors un grand jeune homme mince, blanc, blond & rose, timide comme une jeune fille & d'une grande douceur, il tendit la main en rougissant & remercia le maréchal.

Depuis, l'officier de Cantabria a fait du chemin, il est devenu général en chef & s'est couvert de gloire dans la campagne difficile que le Brésil avait entreprise contre Lopez & qu'il a menée à bonne fin.

Le quartier-général reprit sa marche & traversa à son tour les lagunes où, deux heures auparavant, Cantabria s'était engagé ; & quand nous franchîmes la tranchée pour rentrer dans nos campements, nous trouvâmes sous les armes ce même régiment de Cantabria qui, rangé en bataille, sonnait la marche royale & présentait les armes.

Le maréchal arrêta son cheval, &, s'adressant au bataillon qui avait formé le carré & qui, arrivé l'avant-veille d'Espagne, avait si bravement reçu le baptême, il le félicita chaudement au milieu des vivats de l'armée.

CHAPITRE XII.

UN ASSAUT. — LE MARAIS. — PRISE DES CAMPS ENNEMIS.

Le 4 février, c'est-à-dire près de trois mois après l'entrée des troupes espagnoles en campagne, nous nous trouvions devant Tetuan, & les forces marocaines étaient réunies à une demi-lieue en avant de la ville, campées dans les *huertas* qui l'entourent & divisés en quatre campements commandés par Muley-el-Abbas & Muley-Hamet, tous deux frères de l'empereur du Maroc. Ces campements fortifiés & pourvus de canons dominaient la plaine de Tetuan; ils comprenaient à peu près huit cents tentes énormes, & étaient dominés eux-mêmes par une sierra sur l'escarpement de laquelle s'élevait la tour de Jéhéli, espèce de fort servant d'observatoire.

Sur notre gauche s'étendait Tetuan, leur ville sainte. La sierra Bermeja, une montagne aux pitons gris & pelés dont les flancs se tachaient de tons fauves & dorés, fermait ce côté de l'horizon, & sur ce fond sombre & richement nuancé se détachait notre ville promise, la blanche Tet-Taguën, avec ses coupoles d'argent, ses hauts minarets & son enceinte crénelée, d'où débordaient les feuillages noirs des orangers & leurs fruits d'or.

Après trois mois passés dans ces solitudes sans trouver un douar, sans voir une tente, sans rencontrer une oasis, un arbre, ou un champ cultivé, la belle ville étincelante au soleil, nonchalamment couchée au pied de la sierra Bermeja parmi les amandiers & les vergers en fleurs, nous attirait comme un lieu de délices. Il fallait la prendre & le clairon venait de sonner.

* * *

A huit heures, on abattit les tentes, on passa la rivière Alcantara sur quatre ponts construits par le génie, & à dix heures, l'armée tout entière, sauf le corps de réserve, qui devait nous laisser libre le chemin de la mer, était rangée en bataille dans la plaine, faisant face aux tranchées ennemies.

Toutes les batteries étaient déployées pour faire taire le feu des tranchées. De temps en temps l'artillerie se taisait un instant pour se rapprocher, puis rouvrait le tir. Bientôt on enferma les camps ennemis dans une ceinture de bronze; mais les artilleurs étaient à portée des balles, & derrière cette ligne meurtrière trente-deux bataillons attendaient le signal de l'attaque & le demandaient avec impatience plutôt que de rester inactifs sous cette grêle de projectiles. Tout à coup une détonation épouvantable se fait entendre dans le premier camp; & un nuage de fumée enveloppe les ennemis, leurs tentes & le campement tout entier. C'est la poudrière qui saute, enflammée par une de nos grenades.

Enfin les aides de camp du maréchal partent dans toutes les directions. La cornette d'attaque retentit sur toute la ligne de combat, les musiques jouent la marche royale. Les chasseurs passent entre les batteries, derrière eux la cavalerie, le génie, l'armée entière s'ébranle aux cris de *Vive l'Espagne!* On monte à l'assaut.

Voyant le moment suprême, les Maures abandonnent tous leur poste de combat & se précipitent aux tranchées; chacun choisit sa cible & en un instant la plaine est jonchée.

Abrités derrière les remparts, secondés par leur artillerie, ils portent la mort avec certitude; cependant on avance tête baissée sous ce terrible feu; les petits chasseurs nerveux se précipitent sur les parapets, les escaladent, s'accrochent à chaque obstacle, se glissent à travers les meurtrières, & dans la fumée nous voyons les pantalons rouges dominer les remparts. La lutte corps à corps va commencer de tente en tente, de campement en campement; la tranchée est jonchée de cadavres & les canons marbrés de sang. Quelques artilleurs ennemis, avec un courage admirable, résistent jusqu'à la mort & tombent sur leurs pièces.

Des généraux Maures, des caïds, raniment les fuyards & les frappent pour arrêter la déroute; ce sont des cris formidables, des hurlements, des détonations; le canon s'est tu sur toute la ligne des tranchées, chaque haie devient un rempart, chaque tente cache un épisode de lutte, mais le camp est pris aux cris de *Vive l'Espagne!* & le maréchal pousse à son tour son état-major dans cet enfer &, dans son enthousiasme, il crie en français à tous ces Espagnols déchaînés : « En avant! en avant! »

Les hauteurs se couvrent de cavaliers noirs, l'armée ennemie tout entière est en déroute; tout le monde a suivi, chacun s'enfonce dans le terrain fangeux, en sort comme il peut, suit le chemin frayé, s'engouffre dans le camp; les chevaux viennent se heurter contre les remparts & cherchent sur la pente rapide la trouée des meurtrières; le gros de l'armée espagnole occupe les camps, & le reste va le suivre, pendant que l'artillerie ennemie est restée dans la plaine.

* * *

Vingt minutes s'étaient écoulées depuis le premier signal de l'attaque; mais, à peine appréciable pour nous qui nous étions aussi précipités à la suite, un épisode horrible s'était produit au pied même de la tranchée, au milieu de vingt autres qui demeureront sans historien.

Le général Ros de Olano entrait dans le camp par la gauche, pendant que le comte de Reüss, au centre, lançait les bataillons de Léon, ceux de Saboya & les Catalans. Ces Catalans, tous volontaires, portant le costume national, équipés par la ville de Barcelone, étaient arrivés la veille & avaient demandé de monter à l'assaut les premiers. Ils étaient lancés avec un entrain terrible, exaspérés par la vue des tentes marocaines & par la grêle de balles qui pleuvaient sur eux.

Cinquante pas à peine les séparaient de l'ennemi quand le bataillon tout entier, arrêté dans sa course, s'enfonce jusqu'aux genoux, la terre manque sous ses pas. Le camp était protégé par un marais couvert de fleurs, l'herbe verte & fraîche formait au pied des remparts comme une rizière dans laquelle les Catalans disparaissent jusqu'à la ceinture; les Marocains poussent des cris féroces, redoublent leur feu & choisissent leurs victimes.

Ce fut un moment horrible! Les bataillons, lancés derrière les premières colonnes, venaient se heurter dans leur élan; les volontaires levaient leurs fusils pour ne point les mouiller, ceux qui tombaient ne se relevaient point, on comblait le marais & on passait sur les corps.

Le comte de Reüss voit cet instant d'arrêt qui pouvait tout compromettre; il court aux Catalans, les excite, les ranime, les enlève. Léon & Saboya se mêlent à ceux-ci, & le général, à la tête de tous, s'élance à la tranchée. Quelques chasseurs sont déjà debout sur le rempart, luttant avec les artilleurs; alors le général avise une meurtrière, dirige son cheval, l'enlève, & par un effort inouï entre monté dans le camp; les deux pieds du cheval touchent le canon brûlant, un Marocain porte un coup de gumia au général qui l'abat d'un coup de sabre.

Une compagnie de Saboya est arrivée de front sur l'un des canons, le dernier coup de mitraille éclate : un lieutenant, tous les sergents & trente-cinq hommes tombent de ce seul coup. Mais la marée monte, &, pendant que ces forces entrent par le centre, le général Ros de Olano, qui a escaladé de son côté, avec La-Albuéra, Ciudad-Rodrigo, Zamora & Asturias, vient donner la main aux régiments de Léon & de Saboya, & le camp est enveloppé.

« Quelques fanatiques s'abritaient derrière les cactus. »

CHAPITRE XIII.

ÉMOTION PERSONNELLE. — LE CANON. LE MARAIS.

Le jour de la prise du camp des Maures, aguerri par l'expérience, nous nous étions juré de tout voir. A l'heure où l'armée, derrière l'artillerie, attendait que celle-ci eût fait taire le feu des tranchées, nous avions déjà quitté l'état-major du maréchal, &, accompagné de notre ami Alarcon, nous parcourions toute la ligne de bataille. C'était la première fois que nous entendions le canon ennemi, & l'impression fut singulière.

La parabole du tir était tellement élevée que le boulet, au lieu de trouer les masses horizontalement, passait à une hauteur énorme au-dessus d'elles & venait, à deux cents mètres derrière les bataillons, s'enfoncer lourdement dans la terre. Les projectiles pleuvaient à droite, à gauche, devant, derrière, projectiles énormes provenant de gros canons de remparts. On en pouvait suivre les courbes dans l'air, comme on suit les bombes dans un siége, & nous échappions en nous reculant ; à tous moments nous étions éclaboussés par la boue que soulevaient les boulets. Le tir devint si serré que nous n'osions plus rester en place. Nunez de Arce, l'auteur dramatique, qui suivait aussi l'armée, nous proposa même, puisque le boulet tombait toujours perpendiculairement, de nous asseoir à la place où en était déjà tombé un autre, & où il gisait enfoncé dans la terre, assurant qu'en vertu du *non bis in idem*, nous ne devions plus courir aucun danger. Comme le mouvement était un plus sûr refuge, nous courûmes regagner l'état-major général; mais O'Donnell était allé prendre position vers la gauche, entre le corps d'armée de Ros de Olano & le corps de réserve.

Un mouvement intéressant nous appela sur un autre point : la cavalerie ennemie, qui n'était point retranchée dans le camp, débordait sur notre droite & sur notre gauche, essayant toujours de nous envelopper. Ce mouvement avait été prévu par le maréchal, & des forces étaient disposées pour le contenir.

Nous errions ainsi d'un point à l'autre, quand le clairon, sur toute la ligne, sonna l'attaque, & notre artillerie cessa le feu. Nous nous trouvions alors derrière le corps d'armée du comte de Reüss, nous piquâmes des deux & suivîmes le mouvement général.

Un correspondant militaire du *Times*, équipé comme le sont les Anglais, rirait de notre aventure, mais il faut se rappeler que nous étions parti à la grâce de Dieu, riche seulement de jeunesse & d'espérance, assez mal outillé, sans tente, sans lit, ne doutant de rien, couchant sur le foin quand il y en avait, sans sybaritisme, dépourvu de chevaux & vivant sur le commun.

Nous avions ce jour-là pour monture un vigoureux cheval *sans selle*, & notre ordonnance avait disposé de son mieux, retenues par la sous-ventrière, les mantes espagnoles qui nous servaient de couverture pendant la nuit.

Il n'y avait pas à réfléchir, au moment où on sonnait la charge, je ne voulais entrer ni des premiers ni des derniers, je presse le cheval en me penchant sur son cou & je suis le flot au milieu de la fumée. Au passage du marais, la dernière décharge, si meurtrière pour Saboya & tous ces malheureux qu'on foulait aux pieds, effraye l'animal; ma selle improvisée tourne, le cheval s'abat & je roule dans la lagune.

Je n'avais pas lâché les guides, un bon troupier, blessé, dans l'eau jusqu'au genou, me tend les deux mains comme étrier; le cheval se redresse, & me voilà en selle — *à poil* — cette fois. Derrière moi, les bataillons avançaient; éclaboussé, je patauge, embrassant le cou du cheval des deux mains, & je me jette tête-baissée dans le mouvement; la tranchée est là, la meurtrière est ouverte, déjà plus large & plus praticable. J'entre dans le camp, frôlant le canon qui venait de tirer & passant sur les artilleurs morts au pied de leur pièce. Les premiers entrés allaient droit devant eux, l'arme en avant, battant chaque buisson. Les balles ennemies sifflaient toujours. Je m'abrite plus loin derrière des arbres. Je reprends mes sens; je me regarde, j'étais, depuis la tête jusqu'aux pieds, blanc comme la neige, ou comme si on m'eût trempé dans un bain de chaux. Un cavalier arrêté à côté de moi m'appelle par mon nom : je reconnais le comte de Reüss.

*
* *

Le comte était calme; se voyant seul de son quartier général, il attendait des nouvelles de ses aides de camp, qu'il croyait morts ou blessés. Il avait rassemblé son cheval encore frémissant & essuyait sur la robe de l'animal son sabre dégouttant de sang. Je ne saurais oublier ce moment. Son visage était légèrement verdâtre, il avait les lèvres contractées, sa plaque de Charles III était brisée un peu au-dessous du cœur. Le cheval reprenait son souffle, & portait en avant une large blessure d'où le sang coulait; il était blessé au poitrail comme les braves, & le général ne s'en était pas encore aperçu. Nous nous serrâmes la main en silence, il sourit de me voir blanchi à la chaux, il me parla de tous ses aides de camp & se montra inquiet de leur sort.

J'avance, &, comme on s'arrête à la porte des tentes ennemies, mes yeux tombent sur une selle de maroquin rouge à laquelle étaient attachés de larges étriers plaqués d'argent. Je saute à bas, &, en un tour de main, mon cheval est sellé. Je m'enfonce alors dans le camp, curieux & inquiet, regardant l'intérieur des tentes, notant au passage les mille détails pittoresques. Enfin, je rejoins l'état-major général; les officiers étrangers, prussiens, russes, bavarois, entouraient O'Donnell, qui, m'apercevant, pique vers moi, me saisit par la ceinture en me disant : « Vous les avez vus au feu, les Espagnols, mon Français! »

Il y eut là un grand moment d'enthousiasme; chacun avait la fièvre; on parlait autour de nous de la bataille d'Isly. Il y eut quelques présentations sur le champ de bataille; M. le comte de Sayve, mort depuis, avait courageusement chargé avec le général Garcia; M. de Chevarrier, notre compagnon de fatigue pendant toute la campagne, qu'il raconta très-brillamment dans des lettres insérées au *Constitutionnel*, avait suivi crânement, appuyé sur un long bâton qui lui avait servi à passer le marais. Quelques journalistes espagnols étaient là aussi réunis; O'Donnell les félicita de s'être associés au danger.

* * *

Les hauteurs devant nous se couronnaient de troupes poursuivant l'ennemi, de troupeaux de chameaux chargés à la hâte; des cavaliers disparaissaient dans des sentiers aux flancs des collines; la tour de Jeheli était prise, mais dans le camp même le combat continuait encore. Quelques fanatiques, courageux jusqu'au délire, s'abritaient derrière les raquettes des cactus & fusillaient à bout portant, sûrs de tuer, mais sûrs d'être tués à leur tour. Comme ces premiers camps étaient établis dans des vergers coupés par des haies, la résistance était facile & la guerre de tirailleurs plus propice encore. Nous nous communiquions nos impressions & le maréchal donnait des ordres, quand d'une touffe d'arbres, en face de nous, partirent plusieurs détonations : le général en chef était reconnu! On visait à la tête, & les balles sifflaient à nos oreilles. Un officier tomba près de nous, c'était le second courrier de cabinet du maréchal, un vieillard à grande barbe blanche. — On se rappellera que le premier courrier, son compagnon, avait été blessé quelques jours avant. — La mort fut instantanée.

Le maréchal murmura en éperonnant son cheval : « On est assez mal ici! » Et on s'enfonça dans les campements en faisant passer en avant une compagnie chargée de battre les buissons.

CHAPITRE XIV.

L'AMBULANCE.

Jusque-là nous n'avions vu de cette terrible journée que l'enthousiasme & la fièvre, la surexcitation du feu & la joie de la victoire. Nous avions bien, au passage du marais, vu tomber les Catalans & les chasseurs, fouler les blessés & les morts; mais c'est un des étonnements de ceux qui ne sont point familiers avec les choses de la guerre que la rapidité avec laquelle les blessés sont secourus & portés aux ambulances.

Au seul passage du marais, en un instant rapide, mille hommes avaient été mis hors de combat, & c'est à peine si, en regardant en arrière, on voyait, gisant dans le marécage, quelques blessés implorant du secours. Le hasard nous conduisit alors vers une blanche maisonnette aux arcades mauresques, une sorte de villa qui s'élevait dans des vergers & d'où partaient des cris épouvantables. C'était l'ambulance improvisée, *l'hôpital de sang,* comme disent les Espagnols dans leur belle langue colorée ; tous les blessés étaient là réunis ; c'était navrant.

Quelle ombre au tableau ! Quel contraste avec la victoire !

Le jardin riant & fertile était jonché de malheureux Catalans & de chasseurs ; près d'eux les chirurgiens empressés, les aides donnaient les premiers secours ; c'était un lamentable concert de plaintes, de cris épouvantables & de douloureux sanglots. Celui-ci, se tournant vers nous, horriblement défiguré, demandait qu'on l'achevât; un autre, prostré la face contre terre, recouvert d'une mante grise, râlait abandonné. L'un demandait à boire, l'autre criait un nom inconnu.

On dit qu'on se familiarise avec la mort; mais ces mares de sang sur ces lits de mousse & ces tapis parfumés, sous ces orangers & ces citronniers en fleurs, cette image de la destruction enfin au milieu de tous les sourires de la nature en fête & des promesses du printemps, nous ont serré le cœur pour toute la vie, laissant sur nos lèvres un dégoût profond de la guerre, & dans notre cœur un immense & inépuisable amour de la concorde.

CHAPITRE XV.

NOUS CAMPONS SOUS LES TENTES ENNEMIES.
LE CANON DE L'ALCASABAH.

C'était comme une sorte d'hallucination ou la réalisation d'un rêve. Nous avions poursuivi pendant trois mois un ennemi qui nous échappait sans cesse, & dont on ne sentait que les coups; derrière lui nous avions traversé les montagnes, les plaines, les marécages & les vallées. Nous ignorions tout, ses habitudes, ses armes, son costume, ses mœurs, sa tactique, son but & son espoir; & après une lutte de neuf heures, nous occupions ses campements, nous reposions sous ses tentes, nous étions maîtres de ses chevaux, de ses armes, nous buvions dans des tasses de filigrane le café préparé pour ses princes & ses caïds; nos chevaux eux-mêmes, profitant de la victoire, se nourrissaient de son fourrage.

Par une singulière superstition ou par la crainte moins superstieuse de la vermine, il répugnait à nos soldats de se coucher sous les tentes ennemies; mais, quoique les mules du quartier général eussent rejoint l'armée, la plupart des officiers ne firent point dresser leurs tentes & occupèrent cette nuit-là celles des Maures. Tout le jour on vint comme en pèlerinage à celle de Muley-el-Abbas; elle était très-vaste, circulaire jusqu'à hauteur d'homme, &, à partir de là, formant un cône tronqué surmonté d'une boule & d'une pique; de riches tapis couvraient le sol, les meubles & les menus objets étaient rares, mais trèsélégants. On l'enleva le lendemain & on l'envoya à Madrid.

Cette nuit-là nous écrivîmes tard; un vaisseau devait partir au jour & porter en Espagne la nouvelle de la victoire; nous faisions nos dessins pour le *Monde illustré* à la lueur d'un falot, le plénipotentiaire mit même un de nos croquis dans la dépêche adressée à la reine, nous étions donc très-occupé, quand la forteresse de Tetuan, dont les canons plongeaient sur le camp, ouvrit le feu. Il y eut parmi nous une sorte de stupeur, c'était un bombardement auquel on ne pouvait échapper; l'ordre d'éteindre les lumières courut de tente en tente, &, plongés dans l'obscurité, nous nous attendions d'un moment à l'autre à voir un boulet balayer la maison de toile & nous ensevelir dans notre victoire.

La journée avait été rude pour tous; nous étions brisés, & cependant nous n'aurions pu reposer sous ce feu de l'Alcasabah. Heureusement le tir était lourd & incertain ; la nouvelle d'aucun désastre n'arrivait au quartier général ; nous sortîmes pour aller à la découverte. De temps en temps un éclair, suivi d'une détonation, illuminait le ciel & faisait se découper les créneaux de la forteresse sur le fond de la sierra, illuminée comme par un incendie. Trois quarts d'heure se passèrent sans qu'une nouvelle détonation se fît entendre. Nous sûmes plus tard qu'il y avait eu scission ; l'armée ennemie n'occupait plus la ville, le gouverneur de Tetuan voulait résister jusqu'à la mort, & les notables, sentant qu'un jour ils payeraient cher cette inutile défense, avaient fait cesser le feu.

On dit que cette nuit-là, dans un des ravins de la sierra Bermeja, se passa une horrible scène, digne du pinceau de Delacroix ou de la plume de Byron.

Muley-el-Abbas, trahi, abandonné, ayant vu ses camps pris d'assaut, ses canons enlevés, sa ville prête à tomber entre les mains de l'étranger, sa garde noire, ses Riffeins valeureux, les Bokaris qui formaient sa garde d'honneur, dispersés dans les défilés des montagnes, errant, sans abri, rassembla ses caïds &, s'érigeant en juge suprême, les fit décapiter devant lui.

L'imagination seule peut reproduire cette sombre exécution, qui n'eut d'autre témoin que la nuit, les gorges ténébreuses de Bermeja, & les cavaliers noirs terrifiés & tremblants sous le regard d'un prince irrité qu'on avait vu, lui, au premier rang ! brave comme un lion, essayant de ramener ses chefs blêmes de peur & désertant le combat.

CHAPITRE XVI.

LA NUIT A TETUAN APRÈS LA PRISE
DES CAMPS.
SAC DU QUARTIER DES JUIFS.

Les Maures n'avaient pas cru à la prise de leurs camps, & l'impétuosité de cet assaut les avait frappés de terreur. Les deux princes, accompagnés des chefs de l'armée qui leur étaient restés fidèles, fuyant à toute bride par les sentiers de la montagne, étaient rentrés dans Tetuan, n'avaient fait que traverser la ville & se réunir sur la grande place. Voyant leurs forces dispersées, leur armée frappée de terreur, les Espagnols à leurs portes, maîtres de tout ce qui leur appartenait & prêts à faire un siége, ils reconnurent qu'ils ne pourraient rien contre l'artillerie, & prirent la résolution de ne laisser aux chrétiens qu'une cité morte.

A cheval au milieu de ses Bokaris, debout sur ses étriers, l'émir, dans son beau langage oriental, leur dit avec force : « Abandonnons Tetuan, qu'elle soit désormais pour nous *comme une île !* » Et il quitta la ville avant la nuit, pendant que tous les palais, les bâtiments publics, les maisons privées, depuis celle du plus riche jusqu'à celle du plus pauvre habitant, étaient vidées à la hâte.

Tetuan tout entière émigra plutôt que de subir le contact des « chiens maudits. » Les mules, les chevaux, les esclaves ne pouvaient suffire, les femmes, les enfants, les vieillards prenaient le chemin de Tanger; les juifs seuls, au nombre de huit mille, enfermés dans leur

Barrio comme dans une autre ville, attendirent les Espagnols. Muley-el-Abbas s'en fut camper dans la plaine de Bu-Sejà, sur la route de Tanger.

Mais à côté de l'armée régulière de l'empereur du Maroc, les Kabyles, les Riffeins, les hordes d'Anghera, errants dans la montagne, vaincus, sans abri, sans nourriture, épiaient des hauteurs de la sierra ce qui se passait dans Tetuan. Quand ils virent les feux ennemis s'allumer dans leurs anciens campements, quand ils entendirent les cris des sentinelles, ils comprirent que les Espagnols s'étaient arrêtés dans leur marche & que Tetuan n'était pas encore occupée. S'engageant dans les ravins, rampant comme des bêtes, se glissant jusqu'aux remparts de la ville qu'ils avaient vue morne & sombre, tandis que dans la *Juderia* un mouvement de falots annonçait que le Barrio était encore habité : ils escaladèrent les murs du côté de l'Alcasabah, se répandant dans ces rues abandonnées, & vinrent, comme des fauves altérés de sang, envahir ce Ghetto qu'on leur avait toujours dépeint comme un réceptacle de toutes les richesses, une sorte de caverne où les israélites entassaient des trésors sans nombre. Le sac du quartier juif commença, ils mirent tout à feu & à sang.

* * *

Personne de nous n'a pu assister à ce drame, mais les sentinelles les plus rapprochées de la ville entendirent cette nuit-là les détonations, les cris des victimes & les hurlements de carnage.

Il y avait de la grandeur dans le sacrifice imposé, & qui correspondait si bien à l'esprit de ces populations. Pas un habitant de Tetuan n'avait hésité à tout sacrifier pour prendre la fuite. Le maréchal, cependant, par une proclamation, avait promis de respecter la religion, les coutumes, la famille & la propriété. Une nation européenne se fût résignée à ouvrir ses portes; celle-ci préféra camper dans les gorges, errer sans foyer, misérable, demi-nue, par les froides nuits, sous le ciel inclément, sans pain, sans abri, plutôt que de subir le contact des chrétiens.

L'émigration commença. Des hauteurs au-dessus de l'Alcasabah nous voyions, de l'autre côté de Tetuan, le chemin de Tanger encombré de caravanes qui fuyaient précipitamment. Les femmes portaient les nouveau-nés, les fils portaient les vieillards, les blessés étaient liés sur les mules & les chameaux; les chevaux de luxe tombaient sous le poids des meubles, des riches étoffes, des objets précieux.

De plus près, considérée dans son expression & dans chacun de ses groupes, cette fuite précipitée d'un peuple considérable, cette rapide évacuation de la ville la plus riche de l'empire devait donner un attachant spectacle, dont nous ne percevions qu'un ensemble.

Nous n'avons jamais su si, dans leur haine de l'oppresseur, confondant les ennemis avec ceux qui ne fuyaient pas devant eux & les attendaient dans Tetuan, l'armée régulière prit part au sac du Barrio des juifs; les Kabyles peut-être furent seuls coupables de cette immense rapine, dont nous vîmes le lendemain les traces.

Nous ne pouvons que reconstruire par l'imagination cet horrible désastre; nous avons vu le sang, les ruines encore fumantes, les cadavres encore chauds, les blessures encore ouvertes, les rues jonchées, les coffres pillés, les femmes en pleurs & les filles rouges de honte nous montrant leurs bras meurtris & im-

plorant la vengeance. Il faut se figurer un Ghetto fermé, fortifié, des ruelles étroites, à arcades surbaissées, des maisons à porte basse que jamais l'étranger ne franchissait, même en temps de paix, ces maisons soupçonneuses, fermées à tous, pleines de femmes & d'enfants, huit mille juifs sans armes & des jeunes filles belles comme la Rebecca de l'Écriture, livrées sans défense à ces Kabyles avides, à ces montagnards d'Anghera exaltés par la défaite, par la vengeance, par la vue du butin & la soif du pillage.

A deux reprises différentes, gorgés de butin, ivres de sang, ils revinrent dans la ville après avoir caché leur proie. Avec eux revinrent aussi les kabylats d'Amsa & de Bucemler, & pour la seconde fois nos grand'gardes virent les terrasses des maisons de Tetuan se couvrir d'ombres blanches qui poussaient des cris lamentables, & le ciel s'illuminer des lueurs sinistres de l'incendie.

CHAPITRE XVII.

NOTRE ENTRÉE A TETUAN.
LES JUIFS.

Après la nuit passée dans le camp ennemi, quand la diane sonna, notre premier regard fut pour l'Alcasabah : le pavillon maure ne flottait plus sur les créneaux.

Quelques soldats placés sur les hauteurs signalaient dans les sentiers qui venaient à la ville un parlementaire monté sur une mule, précédé d'un individu à pied & tenant à la main le drapeau blanc; une grande agitation se produisit dans le camp. La veille, une sorte de commission, composée de juifs influents & de commerçants maures qui, plus ou moins, étaient en relations avec les Espagnols, était venue dire au maréchal que la ville était abandonnée, que le Barrio des juifs avait été mis à feu & à sang, qu'à tout instant on s'y attendait à voir revenir les pillards, & qu'au nom de l'humanité les Espagnols devraient occuper la ville.

Le parlementaire dont on signalait l'arrivée venait confirmer les propositions faites la veille. En un instant, on abattit les tentes & le maréchal se disposa à faire occuper Tetuan.

Ce fut là une longue opération qui eut sa stratégie & son histoire, mais je cours aux épisodes & aux impressions personnelles.

Nous suivions le maréchal ; le comte de Reuss était entré par les hauteurs de l'Alcasabah, tournant la ville par les défilés de la sierra. D'instant en instant, du point où nous étions, avançant sur Tetuan, nous voyions la *bandera* nationale, hissée par les nôtres, flotter sur un nouvel édifice ; la forteresse, le palais du gouverneur, la grande mosquée s'étaient successivement pavoisés de la bannière victorieuse. Nous allions entrer à notre tour.

Arrivé à la porte principale de la ville, le maréchal donna ordre à son quartier général de s'arrêter, & entra tout seul, puis il revint un instant après en faisant un geste de dégoût & d'horreur. Nous pénétrâmes à sa suite ; les ruelles étroites étaient jonchées de débris & de cadavres, les portes des maisons étaient enfoncées & laissaient voir des patios déserts ; nous traversâmes des bazars dévastés comme par un incendie. Parfois nous rencontrions adossés au mur, tapis dans leurs burnous & accroupis au soleil, deux ou trois vieillards maures impotents qui ne se dérangeaient même pas en voyant s'avancer ce brillant état-major de généraux, & se laissaient presque fouler aux pieds, nous jetant un regard mêlé d'une magnifique indifférence & d'un profond mépris. C'était la dignité de la faiblesse, qui ne reconnaît point la force & lui reste supérieure. On sentait que la vie était peu de chose pour ces fatalistes, qui murmuraient, en voyant passer leurs vainqueurs, l'épithète de « chiens maudits. »

Nous avancions, & la ville était toujours silencieuse; sur les murs, d'une blancheur éclatante, à la hauteur d'une étroite fenêtre grillée, seul jour extérieur des maisons arabes qui prennent leur lumière sur le patio, nous vîmes de larges traces de sang, comme si quelque victime eût essayé de fuir par cette issue & eût été sacrifiée sur l'appui du moucharaby.

L'émigration continuait cependant; à

quelques carrefours, nous rencontrions des convois de mulets chargés, des femmes voilées qui, averties par le bruit des chevaux sur les dalles sonores, fuyaient devant la cavalcade, emmenant les enfants par la main. Enfin nous parvînmes sur une grande place, la principale de la ville, où campaient déjà les premiers bataillons chargés d'occuper Tetuan. Là le spectacle était navrant. La population juive tout entière, craintive & respectueuse, entouraient les soldats; des milliers de femmes demi-nues, portant des enfants à la mamelle, des vieillards à barbe blanche faisaient entendre leurs singulières clameurs, implorant l'assistance & la pitié, racontant les massacres de la nuit, les horreurs du sac de leur Barrio. Ces juives étaient belles pour la plupart comme les filles de leur race, elles étalaient leurs seins nus, leurs beaux visages cicatrisés, montraient leurs plaies, agitaient leurs haillons, soulevaient leurs enfants dans leurs bras, ou tendaient la main en implorant l'aumône : & les troupiers vidaient leur sac, partageaient leur biscuit & leur riz.

C'était grand comme une sortie d'Égypte, & chaud comme l'*Entrée des Croisés* de Delacroix, avec le même ciel & les mêmes fonds baignés dans l'air & la fumée de l'incendie. Nous contemplions ce spectacle, ivre de couleur, de caractère & de pittoresque; à chaque pas les tableaux se composaient à souhait pour l'artiste, & les contrastes étaient frappants. L'Arabe, l'Espagnol, l'Hébreu se croisaient; c'étaient des prières, des larmes, des cris de vengeance, des lazzi de soldats, des vivats hypocrites des juifs en faveur des envahisseurs, des malédictions aux pillards. La place était comble, encombrée de canons, de chevaux, de cavaliers, de femmes nues couchées sur le sol, de blessés & de paralytiques qu'on avait traînés sur la place pour émouvoir les vainqueurs. Les terrasses des maisons du côté de la Juiverie étaient couvertes de monde, une foule bariolée, des enfants, des femmes aux costumes étranges, aux tons violents, des groupes aux attitudes singulières, nous accueillaient par des cris pendant que les bataillons déjà formés entonnaient la marche royale à l'arrivée du maréchal.

Avec une incroyable avidité, les juives, qui se familiarisaient avec les soldats qu'elles voyaient doux & pleins de commisération, s'avançaient jusque dans les rangs pour implorer la charité. Le désordre était au comble, la discipline difficile à observer, tout le monde était sous l'impression du moment; chacun, depuis le chef le plus éclairé jusqu'au plus ignorant des soldats, sentait ce qu'il y avait d'épique & de grandiose dans ce spectacle. Le côté plastique & pittoresque de cette immense scène n'échappait à personne; ce cadre admirable de caractère, ce ciel d'un bleu implacable, le soleil ardent éclairant d'une lumière impitoyable & cruelle ce sanglant tableau, tout cela était bien fait pour enivrer les yeux & toucher le cœur.

Au milieu de ce désordre, des soldats au repos & adossés aux murs, s'apercevant que des nuées de pigeons venaient s'abattre sur une sorte de minaret qui s'élevait sur un côté de la place, auquel on accédait par un escadier extérieur, escaladèrent la gubbah, &, fermant les issues, se prirent à dévaliser le colombier. De main en main, depuis le point le plus haut du minaret jusqu'au sol de la place, on se passait les pigeons; les prisonniers qui pouvaient s'échapper fuyaient à tire d'aile; les juifs, mêlés aux soldats, prétendaient les aider dans

Chapitre XVII.

ce pillage, &, suspendus en grappes aux saillies de la mosquée, tous se disputaient les oiseaux effarouchés. C'était une proie pour des soldats condamnés depuis si longtemps au riz

« On se passait les pigeons de main en main. »

& à la morue sèche, & c'était une aquarelle d'un ton éclatant, pleine de lumière & d'un pittoresque achevé. Sur place même, nous nous mîmes à esquisser cette jolie scène digne du pinceau de Fromentin.

« Ce fut un horrible sauve qui peut. »

CHAPITRE XVIII.

LE SÉRAIL.

Toutes les troupes massées sur la place, & le flot cessant de monter, le maréchal entra dans le palais du gouverneur : c'était la prise de possession solennelle & officielle de la ville; quelques serviteurs noirs fuyaient devant nous, emportant des paquets; mais le palais était désert.

Arrivés dans une grande salle, une sorte de Divan, ou salle de conseil, le maréchal souleva un riche tapis qui faisait portière, & nous pûmes découvrir des formes blanches & voilées qui fuyaient devant nous & s'évanouissaient comme des ombres.

En un instant toutes les houris de l'Orient défilèrent en imagination devant nos yeux éblouis; mais O'Donnell laissa retomber la draperie, se tourna lentement vers nous & murmura en montrant le sérail : « *Quatro tiros...* » c'est-à-dire : « Quatre balles dans la tête pour ceux qui touchent une femme. » Le pauvre maréchal — que Dieu ait son âme! — avait des traits d'éloquence de cette force-là. Cela rendit les plus ardents & les plus romanesques assez froids à l'endroit de ce sérail, que nous ne fîmes qu'entrevoir.

Plus tard on nous donna à nous-mêmes le sérail tout entier pour logement, mais les houris avaient pris la route de Méquinez.

UNE PANIQUE.

Cependant, comme on signait je ne sais quel acte officiel, nous descendîmes sur la place, où le spectacle était bien autrement palpitant ; car ces intérieurs mauresques, c'était l'Orient, partout le même, à Stamboul, à Fez ou à Tétuan, tandis que sur la place les tableaux toujours divers, sans cesse renaissants, éternellement nouveaux, se composaient & se déroulaient devant nous. Nous avions laissé notre cheval pour entrer dans le palais; nous revînmes afin d'errer à l'aventure, épier les sujets, noter les cris poussés sur nature, voir les types, les costumes, saisir les épisodes.

Ces foules diverses réunies d'une façon si inattendue s'étaient déjà familiarisées; les troupiers vidaient leurs sacs & les juifs buvaient aux bidons; avides & jaloux, ceux-ci se disputaient les pièces de monnaie qu'on leur jetait, & quelques-uns d'entre eux, qui s'étaient couverts de sang pour faire croire à plus de violence qu'on n'en avait commis, oubliaient leur douleur feinte & leurs fausses mutilations & criaient à tue-tête, plus royalistes que le roi & plus Espagnols que l'Espagne : « *Viva la reyna! la España viva!* »

Tout ce monde bigarré, pittoresque, grouillait au soleil, quand une effroyable détonation se fit entendre à l'un des angles de la place, détonation suivie de cris de douleur & d'un nuage de fumée qui enveloppa tout le palais du gouverneur. Ce fut un horrible sauve-qui-peut. Dix mille personnes étaient rassemblées là, les unes coudoyant les autres : cavaliers, fantassins, artilleurs, état-major, batteries de montagne; & la place, comme toutes les places mauresques, n'avait pour débouché que des ruelles étroites où trois hommes pouvaient à peine passer de front. Aux quatre coins, la foule, instinctivement, s'engagea dans les étroites ruelles en hurlant : « La mine! la mine! La ville est minée!... » Et les chevaux, effrayés par les détonations la flamme & la fumée, pressés de toutes parts, s'enlevèrent en se ruant sur la foule. Il y eut là une panique étrange, & le centre de la place fut vide en un instant. Ce fut une indescriptible mêlée jusqu'au moment où la flamme, ne gagnant plus de terrain, & la fumée étant dissipée, quelques hommes énergiques tentèrent de revenir sur leurs pas & de regarder le danger en face.

Au moment de l'explosion, j'allais entrer dans le Barrio des juifs, dont on venait d'ouvrir les portes. J'y fus poussé par le flot montant, porté par cette marée irrésistible, foulant aux pieds tous ceux qui se pressaient; & presque seul à cheval au milieu de ce désordre, je mis pied à terre comme je pus, m'appuyant sur ceux qui se tenaient à ma portée. Tiré de tous côtés par ceux que j'écrasais, & laissant aller le cheval à l'aventure, je me glissai dans une maison dont la porte était ouverte; puis je montai sur la terrasse, afin de dominer la place & de me rendre compte du désastre.

Le maréchal, lui, en entendant l'explosion, était sorti suivi de quelques généraux sur la terrasse du palais, & voyant la foule se ruer aux extrémités, le milieu de la place vide, & seulement quelques victimes à terre, il envoyait ses aides de camp rassurer la foule.

On sut bientôt à quoi s'en tenir. Le jour de l'arrivée à Tetuan des renforts amenés par les frères de l'empereur, on avait fait sur la place même la distribution des munitions aux soldats maures, & le sol noirci encore de poudre, sablé de fulminate sur le lieu où s'était faite la répartition, s'était enflammé au contact du cigare d'un soldat. L'explosion avait été terrible, le nuage de fumée qui s'était élevé cachait la nature du sinistre & faisait croire à l'explosion d'une mine. C'était d'ailleurs un soupçon conforme à tout ce qu'on attendait de l'énergie dans la défense des Maures assiégés. La peur avait fait le reste. Plusieurs soldats, cause du sinistre, moururent quelques heures après.

Les juifs, terrifiés, s'étaient précipités vers leur barrio, & s'y étaient blottis; rien ne put les rassurer; mais peu à peu la place se remplit de nouveau. Nous avions perdu notre cheval dans la bagarre, quand, le lendemain, un artilleur qui le trouva aux mains d'un israélite nous le ramena; il était nu comme Hassan; on l'avait dépouillé de sa selle de maroquin rouge aux étriers plaqués d'argent. C'était notre seul trophée de la campagne, nous le regrettons encore; il eût été le centre plein de caractère d'une panoplie, & une relique fertile en souvenirs.

CHAPITRE XIX.

LA GRANDE MOSQUÉE. — UN BUTIN SCIENTIFIQUE.

Quelques minutes après la panique, l'écrivain espagnol Alarcon, mon compagnon de tente, & moi, nous errions à l'aventure, avides de voir, nous arrêtant à chaque pas en face d'un groupe, d'une scène, d'un tableau, parcourant les bazars, pénétrant dans les maisons dont les portes étaient enfoncées, reconnaissant la ville & nous perdant avec une sorte d'ivresse dans les mille réseaux d'une cité inconnue, que nous avions désirée comme la terre promise.

Tantôt nous traversions des *callejones* à arcades basses, impénétrables aux rayons du jour; puis nous débouchions sur de petites places abritées de treillis tapissés de feuillage, sorte de forums frais & recueillis avec de larges bancs en pierre très-bas, sur lesquels les maugrabins devaient, dans le kief & la méditation, laisser s'écouler les heures en roulant entre leurs doigts les grains ambrés de leurs chapelets. Une ouverture étroite, basse, sordide, dans laquelle nous pénétrions, nous conduisait subitement dans un vaste palais, tout étincelant de mosaïques & d'or, aux arcades mauresques en fer à cheval supportées sur des colonnes de porphyre. Des eaux limpides & fraîches coulaient dans des bassins de marbre; où se reflétaient des orangers & des citronniers, encaissés dans des dalles entourées d'azulejos en damier, séjour charmant & poétique, plein de silence & d'ombre. Et nous parcourions des salles désertes meublées de riches divans, où le jour pénétrait discrètement, tamisé par des moucharabys aux grillages en losange. Puis c'était une mosquée silencieuse, avec ses cours en patio, ses piscines, son grand vaisseau, sa forêt de colonnettes, & au milieu, adossée au mur, une sorte de chaire peinte de tons violents. Les minarets blanchis à la chaux, avec leurs frises de briques vernissées d'un vert émeraude ou bleu de ciel, les élégantes gubbah, surmontées d'un petit dôme en tuiles vernissées, découpaient leur ombre sur les mosaïques des patios. A la hampe qui se dressait sur le ciel bleu flottait encore la flamme verte du prophète. Partout le silence succédait aux clameurs de l'effroyable nuit, partout régnaient la solitude & l'abandon.

Nous allions ainsi, curieux & agités, intéressés par toute chose, nous arrêtant devant un objet inconnu, une bizarrerie pleine de caractère, émus, inquiets, avides, respirant dans tous ces intérieurs un parfum pénétrant, incisif, qui flotte partout dans l'air dans ces villes marocaines, une odeur de santal qui a quelque chose de voluptueux & d'étrange, odeur particulière à ces Maures raffinés, & dont leurs bazars, déserts & mis au pillage, étaient profondément imprégnés.

Comme nous allions quitter la grande mosquée, nous vîmes devant nous une porte étroite & des marches d'escalier. Il fallait courber la tête pour franchir ce seuil. Les marches s'enfonçaient dans l'ombre; puis c'étaient des couloirs obscurs, des petites cellules, étroites;

aux murs blancs décorés d'un filet rouge ou de quelque verset du Coran, dont l'issue menait encore à d'autres escaliers en spirale. Nous étions dans le minaret; &, tournant sur nous-mêmes en gravissant cette vis sans fin; à mesure que nous montions : nous pouvions découvrir, par les étroites barbacanes, les terrasses des maisons de la ville, l'admirable paysage qui l'entourait, la perspective des plaines vertes où serpentaient les rivières argentées avec les collines bleuâtres qui fermaient les horizons extrêmes.

Nous gravissions toujours & déjà nous touchions au faîte, quand nous fûmes arrêtés par une porte close au moyen d'une simple natte qui faisait portière. Nous la soulevâmes sans effort, & nous eûmes un instant de véritable éblouissement. C'était un coin de la merveilleuse Chaldée que cette cellule, un observatoire astronomique rempli d'instruments, d'astrolabes, de mappemondes bizarrement constellées, de lunettes, de manuscrits rangés tout autour de la cellule, un laboratoire d'alchimiste autant qu'un bureau de longitudes, un capharnaüm chaldéen où s'était entassée la poussière des siècles, une sorte de conservatoire d'une science morte avec Memphis, avec Tyr & Babylone.

Nous essayions de déchiffrer ces insondables grimoires, ces figures inquiétantes & ces mystérieuses images, quand les chiffres arabes, les seuls caractères qui nous fussent familiers, frappèrent nos yeux. Nous faisions tourner sur leurs axes les mappemondes énormes, & nous interrogions les cadrans suspendus avec soin, & par dimension, autour des murs. Nous choisîmes, dans ce curieux musée, deux astrolabes du

XVIᵉ siècle, d'une dimension portative, au risque d'enfreindre l'ordre du jour du maréchal, persuadés que les Maures d'aujourd'hui ne savent plus lire dans les astres, & que le dommage que nous causions au vaincu ne lui serait point sensible. En faisant ce butin, nous pensions au musée des cartes de la Bibliothèque impériale, &, pour nous épargner tout remords, nous avons offert à la science officielle ce curieux spécimen de la fabrication des Maures.

CHAPITRE XX.

TETUAN A VOL D'OISEAU.

Parmi les panoramas grandioses qui se représentent à mon souvenir quand je ferme les yeux, je revois la Corne d'Or avec les coupoles bulbeuses de Stamboul & les jardins ombreux de la pointe du sérail, la Vega de Grenade, Naples & son golfe, l'entrée en Italie par la Forclaz, l'arrivée à Tolède, Venise la rouge, émergeant de l'Adriatique aux flots gris perle; mais la vue que nous découvrîmes du haut du minaret de la grande mosquée pouvait lutter avec ces souvenirs.

Au nord, nous avions les jardins de Tetuan, éternellement verts, éternellement fleuris, avec les plaines immenses & ces marais recouverts de fleurs où se jouent les reflets du ciel; le Cabo-Negro, première colline à l'horizon, & au-dessus, Ceuta, la presqu'île, qui semblait un rocher gris perdu dans l'infini. A l'est, le Guad-el-Jelu « la rivière douce » qui prend le chemin des écoliers, serpente dans la plaine en miroitant au soleil, & va se perdre dans la mer, immensité bleue, semée d'étoiles scintillantes, qui se confond avec le bleu du ciel. A nos pieds, Tetuan, couchée dans la verdure, éclatant au soleil, divisée en terrasses blanches étagées, confuses, pressées les unes contre les autres, trouées çà & là par des jardins sombres où les fruits d'or se détachent sur le feuillage noir; des mosquées élégantes et fines, profilant d'un dessin ferme sur l'azur leurs silhouettes d'argent rayées de bandes vertes; çà & là, des palmiers qui lèvent la tête au-dessus des maisons. de cette cité vaincue, serrée dans ses murs crénelés, commandée par son Alcasabah, qui n'a pas su la défendre contre les Infidèles.

Enfin, tout autour, des tapis de verdure, des plaines où éclatent des points blanc-violent, des points blanc d'argent, des marabouts ou des villas, des bosquets, des moissons, des fleurs, des eaux qui miroitent sous un rayon, puis les milliers de tentes dressées dans les huertas, les sonneries des clairons, les parcs d'artillerie, le va-&-vient d'une armée en campagne qui s'agite dans ce cirque fermé par la mer & par des montagnes aux tons chauds, où croît un genêt aux fleurs d'or, & aux escarpements desquelles, comme des nids de vautour, les Kabyles d'Amsa, de Fedjar & de Bucemler ont suspendu leurs douars & planté leurs tentes.

Dans cet immense ensemble, qui commence aux limites de l'Europe & va jusqu'au petit Atlas, la patrie des lions, les hommes qui venaient d'accomplir leur tâche de destruction & de carnage semblaient des points dans l'espace, les rumeurs de toute une armée se perdaient dans les airs. Ces faits importants, qui étaient de l'histoire, ces choses si puissantes & si dissemblables, ces hommes qui s'agitaient au nom de la patrie, des honneurs & de la gloire, devenaient plus petits, plus humbles, & comme imperceptibles, à mesure que nous montions, nous ramenant à Celui devant lequel tout s'humilie & tout tremble. De si haut, les fleuves impétueux sont des ruisseaux, les montagnes immenses sont des collines, la mer aux éternelles plaintes se soulève ou s'apaise, & ses mugissements arrivent doux comme les soupirs d'un enfant.

Comme le soleil se couchait dans l'or en inondant la ville de reflets roses, avec l'insouciance de la jeunesse & la fantaisie de l'artiste, mêlant au sentiment chrétien la parodie des rites musulmans, nous nous écriâmes quatre fois, en tenant les bras levés au ciel aux quatre angles du minaret : « *La Ilah Allah!* — Il n'y a d'autre Dieu que Dieu! » Et, dans leurs repaires, les Maures vaincus, cachés à tous les yeux, en entendant cette parodie sacrilége du chant du muezzin, durent appeler sur notre tête la colère du Prophète.

CHAPITRE XXI.

LE NÈGRE DE LA POUDRIÈRE.

Le même jour, dans cette ville déserte, abandonnée par patriotisme, au milieu de cette population de mendiants, nous trouvâmes un Homme ; il nous apparut comme le démon de la révolte &

la personnification de la haine contre l'étranger...

Nous nous étions engagés dans une étroite allée bordée de chaque côté de maisonnettes très-basses, pourvues chacune de deux ouvertures : une porte étroite & une large fenêtre fermée par des volets primitifs. C'était un quartier marchand abandonné comme les autres ; les volets d'un de ces chétifs magasins avaient été enfoncés, & un groupe de soldats espagnols & quelques juifs stationnaient devant la porte ; deux sentinelles se promenaient l'arme au bras, un commandant fumait, dans l'attitude d'un homme qui tue le temps & qui monte une garde. Dans l'intérieur de cette *tienda* étroite & vide, sur une sorte d'établi, & comme gardé dans une cage, un nègre de Guinée étrangement vêtu se tenait assis sur les talons, les mains chargées de chaînes, roulant des yeux féroces en regardant cette foule qui l'examinait comme une bête fauve.

C'était une sorte de colosse au cou droit, aux attaches fines, élégant comme l'antique, & noir comme l'Érèbe. Il portait sur chaque joue, depuis le coin de la bouche jusqu'aux pommettes, trois cicatrices symétriques, signes de l'esclavage, qui le faisaient ressembler à ces têtes de lions hiératiques qui vomissent l'eau dans les chéneaux des temples grecs; une couronne de coquillages blancs reliés par un fil d'or s'attachait sur ses cheveux crépus & retombait jusqu'aux oreilles; son vêtement consistait en une gandourah de laine blanche d'une grande finesse, & sous la gandourah débordait un autre vêtement de soie verte brodé d'or; il appuyait sa tête sur ses poings fermés, ornés de grands bracelets de métal chargés d'inscriptions arabes, & regardait le groupe de curieux avec un indicible mépris, une fureur contenue & une rage impuissante qui le rendaient terrible à voir. Tout était noir dans cette physionomie, & de temps en temps les dents, blanches comme l'ivoire, éclataient entre les lèvres contractées par un sourire écrasant.

Ce nègre, esclave fidèle de Muley-el-Abbas, & qui avait été le serviteur du défunt empereur Abd-err-Raman, était venu de Fez avec l'émir. On venait de le faire prisonnier dans des circonstances qui rendaient sa capture importante; aussi l'avait-on confié à la garde d'un commandant qui en répondait au général Rios, nommé gouverneur de la ville au moment où on venait d'y entrer.

Avant la panique causée par l'explosion de la poudre, le sentiment général de l'armée, les craintes exagérées des juifs, une méfiance née des procédés des Maures pendant la campagne, & une fermeté naturelle à ces races qui les porte aux résistances extrêmes, avaient fait penser que la ville de Tetuan était minée. On était entré avec les plus grandes précautions, & le premier soin du gouverneur avait été de reconnaître tous les dépôts de poudre signalés par les juifs.

L'ordre reçu, un commandant chargé de la reconnaissance fait avancer ses hommes vers un point signalé comme un dépôt important, & trouve la porte fermée à l'intérieur. On jette bas, à coups de hache, les ais qui défendent l'entrée, & les premiers soldats qui pénètrent dans le caveau se trouvent en face du nègre que nous venons de décrire. Il est armé jusqu'aux dents, tient à la main un énorme pistolet de combat & vise le premier qui se présente. Son arme manque; il saisit alors une gumia qu'il porte à sa ceinture, blesse deux troupiers & lutte à lui seul contre trois. Le commandant crie à ses hommes de le prendre vivant; mais il se défend avec une incroyable audace, recule sans cesse & cherche à entraîner les assaillants dans le fond de la poudrière, où sont empilés les barils; il écume, il se roule par terre; enfin on s'en empare.

Il était assez naturel de croire que ce nègre, serviteur de l'émir, renfermé dans une poudrière, ne s'y était pas réfugié par hasard, & qu'il avait quelque terrible projet. Le général Rios ordonna de le garder à vue, se réservant de le faire interroger par les interprètes de l'armée. On l'avait provisoirement mis au secret dans ce magasin où nous venions de le voir, &, connaissant désormais son histoire, nous l'examinâmes à

Chapitre XXI.

loisir; nous fîmes même un croquis de cette étrange figure, & l'attention soutenue avec laquelle nous fixions le prisonnier pour saisir ses traits pleins de caractère redoublait encore sa rage.

Le gouverneur revint bientôt, accompagné de l'interprète du quartier général. On fit éloigner les curieux, & nous assistâmes à l'interrogatoire. A chaque question qu'on posait, l'esclave noir répondait par une impassibilité pleine de mépris. On usa de tous les moyens pour le faire parler, on lui promit un sauf-conduit pour rejoindre l'émir; on n'obtint ni un mot, ni un signe, ni aucune manifestation. Alarcon, en veine d'expériences, fit semblant de tirer son sabre du fourreau : c'est seulement alors que cette face impassible s'anima; l'écrivain fit le signe de trancher une tête, un sourire d'indicible mépris contracta les lèvres du nègre, & quand l'interprète, sur l'ordre du général & pour éprouver le patient, lui annonça que dans une heure il aurait cessé de vivre, le nègre, décroisant lentement les bras, donna sur la muraille un vigoureux coup de poing, puis reprit sa pose obstinée. Il semblait qu'il eût voulu dire : « Je suis insensible comme cette muraille, vos menaces de mort ne sauraient m'émouvoir, je vous méprise & je vous hais. »

Le général vit qu'il fallait renoncer à savoir par cette source-là si la ville était minée & si les Maures avaient quelques projets de représailles. La consigne donnée à l'esclave noir était bien gardée : il devait rester muet comme la tombe. Nous, nous étions transporté d'admiration pour le nègre de la poudrière. Ce Scœvola nègre représentait bien le fanatisme de la patrie & la haine de l'envahisseur. Tous ceux qui avaient assisté à cet interrogatoire opposaient cette énergique passivité à la lâche condescendance de ceux qui nous avaient ouvert les portes de la ville. A trois reprises, on interrogea le prisonnier, qui ne desserrait pas les dents; il répondit toujours par le mépris. Le général en chef le fit garder à vue, mais ordonna qu'il ne lui serait fait aucun mal. Personne ne put se défendre d'une secrète admiration pour ce fanatique qui méprisait la mort autant qu'il méprisait l'ennemi.

Plus tard on le rendit à l'émir, à l'époque de la signature de la paix, &, à une seconde entrevue avec Muley-el-Abbas, c'est lui qui menait en main le cheval du prince noir, toujours irrité, toujours méprisant, regardant sans doute comme une lâcheté les concessions faites par son maître à ceux qu'il haïssait & qu'il eût voulu ensevelir avec lui sous les décombres de la ville.

« Le terrain était difficile, on parlait de Portes de Fer. »

CHAPITRE XXII.

A L'ARRIÈRE-GARDE.

Le 21 mars, à la bataille de Vad-Ras, qui mit fin à la guerre du Maroc, on laissa dans Tetuan une forte garnison,

& l'armée s'avança dans l'intérieur de l'empire. Cette fois, on marchait à l'aventure, portant avec soin ses ressources & ses approvisionnements. La topographie du pays était mal connue; on parlait de marais, de défilés terribles, de torrents qu'il faudrait traverser. Un troupeau de cent chameaux, qu'on était allé acheter en Algérie, suivait l'armée, portant un train de pont en cas de besoin; mais à la seule vue du troupeau, les chevaux de la cavalerie, chevaux andalous pour la plupart, poussèrent des hennissements, & les escadrons se débandèrent. Il fallut faire passer les pontonniers à l'arrière-garde.

Ce jour-là nous nous étions associé à la fortune des officiers de l'escadron des cuirassiers *del Rey*, sous les ordres du général Makenna, & nous ne sûmes qu'au dernier moment que cet escadron était destiné à assurer les derrières de l'armée, si bien que, engagé envers nos amis avec lesquels nous campions depuis quelques jours, nous eûmes le chagrin de rester pendant vingt-quatre heures à une lieue & demie du feu, sans aucun renseignement sur ce qui se passait.

Rien n'est plus triste que la situation des troupes destinées à former l'arrière-garde un jour de combat, situation pleine d'inquiétudes & de dangers, sans aucune des compensations qui attendent les troupes engagées. Pendant dix heures de suite, nous entendîmes le canon sans rien savoir des mouvements; pendant dix heures, les blessés défilèrent devant nous, & nous ne vîmes que ce côté navrant du combat. On nous harcelait constamment, les montagnards suspendus aux rochers nous inquiétaient sans trêve, &, à mesure que nous avancions, réoccupaient derrière nous le terrain traversé.

Trois grandes tentes avaient été dressées, ambulances provisoires, où les blessés augmentaient à chaque instant. L'espace compris entre notre arrière-garde & le champ de bataille était sillonné par un va-&-vient continuel de civières. A tout moment, l'un de nous se détachait pour interroger, sans qu'on pût savoir à quoi s'en tenir sur le résultat. C'était cruel à voir ce chapelet de brancards, ces pauvres troupiers clopin-clopant, appuyés sur leurs fusils, la tête bandée, couverts de sang. Des ordonnances, portant des képis galonnés & les armes de leurs chefs, suivaient tristes & silencieux leurs officiers supérieurs hors de combat. Chaque blessé, engagé dans un coin, ne voyant qu'un épisode, & ne pouvant par conséquent se rendre compte de l'ensemble, disait

Chapitre XXII.

ce qu'il avait vu : l'ennemi était acharné, très-nombreux, plein de rage & de feu; on racontait qu'à un passage appelé le Fondouck, les Maures se jetaient sur les canons pour s'en emparer & se faisaient tuer sur nos pièces.

O'Donnell avait couru le plus grand danger en s'avançant trop loin dans une reconnaissance. Les Catalans avaient été héroïques, mais on ne savait rien de plus. Étions-nous vainqueurs ou vaincus? qui pouvait le dire? Pas un officier d'état-major pour nous renseigner; les généraux blessés donnaient des nouvelles brèves & ne savaient eux-mêmes que ce qui concernait leurs corps.

Le terrain était difficile; on parlait de portes de fer, de bosquets, de broussailles, de quartiers de rochers qui servaient de retranchements à l'ennemi, de cours d'eau non guéables, de charges de cavalerie exécutées sur des collines coupées de broussailles.

Bientôt, en effet, la route se sillonna de cavaliers blessés : c'étaient des cuirassiers du Roi, du même régiment que ceux qui nous entouraient; les chevaux sans cavaliers s'avançaient conduits par les assistants; derrière venaient les officiers, portés sur les épaules des troupiers; presque tout le corps des chefs était là, & nos amis, en reconnaissant leur uniforme, venaient craintivement au-devant, demandant à voix basse des nouvelles de ceux qui leur étaient le plus chers. C'était terrible à voir & à entendre; les mourants auxquels on jetait un nom répondaient par un signe de tête. A côté de nous le lieutenant Posas s'avança en criant :

— Et Périco?

— Tombé! il a eu la tête tranchée sous nos yeux.

Chapitre XXII.

Un frère demanda des nouvelles de son frère; il était mort aussi. J'épiais sur le visage du survivant l'impression produite : il ferma les yeux, devint livide & poussa un effroyable juron.

Moi-même j'eus mon émotion personnelle. Un Catalan s'avançait par le chemin, portant sur la tête une magnifique selle anglaise recouverte de velours, avec des fontes galonnées d'or. C'était la selle du comte de Reüss. Le Catalan marchait avec insouciance, blessé à la jambe, perdant beaucoup de sang, regardant sans pitié ce défilé de morts & de mourants. Je m'avançai vers lui.

— Est-ce que le général est mort? demandai-je avec crainte.

— Le général va bien, mais c'est notre colonel qui va mal, il a été tué. Le cheval du général est blessé, je rapporte la selle.

— Et vous autres?

— *Nous autres, il y en a encore pour une fois.* On a tué le tiers, le 4, à l'affaire du marais; le second tiers est mort aujourd'hui; on se battra encore avant Tanger: ce sera pour le reste.

Et le pauvre diable s'en alla sans se douter qu'il avait deviné Shakespeare.

Le simple soldat est héroïque partout, sur tous les champs de bataille, à quelque nation qu'il appartienne.

« Est-ce que le général est mort ? demandai-je avec crainte. »

CHAPITRE XXIII.

LA NUIT A L'ARRIÈRE-GARDE.

La nuit fut horrible. C'est la première fois que j'ai eu souci de ceux qui n'ont pas un toit pour les abriter du vent qui souffle & qui s'endorment dans des tanières sans avoir assouvi leur faim.

La journée avait été torride. Depuis dix heures nous n'avions pas mangé. La nuit vint vite, comme en Orient, sans transition, sans demi-jour, accompagnée d'un brouillard glacial. Nous n'avions ni provisions, ni tentes, ni bois pour les feux; & tout autour de ce camp improvisé de l'arrière-garde, des détonations signalaient à tout moment des Riffeins & des Choafas cachés dans les herbes. On se partageait, autour d'un maigre feu, quelques saucisses & le biscuit de marine. Nous campions à côté des ambulances, loin de Tetuan, loin de l'armée. La ligne de blessés, les convois de mourants qui nous rattachaient à l'armée engagée, étaient coupés depuis quelques heures. Nous étions enveloppés dans la nuit noire, isolés dans cette vaste plaine comme dans une île funèbre. Ce n'étaient plus ces gais bivouacs où on devise en fumant autour du brasero qui petille; une pluie fine, un humide brouillard nous pénétraient. Autour de nous, les pauvres troupiers, brisés de fatigue, le ventre creux, dormaient, bizarrement confondus entre eux.

Les soldats, si gais d'ordinaire, ne faisaient pas entendre un lazzi, ils souffraient du froid & de la faim. Les ambulances étaient à deux pas de nous, & nous entendions les cris incessants, les râlements lugubres. De temps en temps, les médecins & les aides, à la suite d'une opération grave, venaient reprendre haleine au bivouac des officiers; les aumôniers, après avoir administré un mourant, rentraient prendre leur place. Tout à coup, au milieu de ces impénétrables ténèbres, une vive fusillade se faisait entendre, on se levait subitement, on sautait sur ses armes. Cette arrière-garde tout entière eût pu être enveloppée par les Kabyles descendus des hauteurs, sans qu'on eût senti s'approcher cet ennemi qui rampait dans l'alfa, s'abritait derrière ses touffes, &, guidé par les pâles lueurs des feux, savait où nous attaquer & vers quel point diriger son tir.

Et nous ignorions encore le sort de la journée! Où était l'armée? avait-elle été arrêtée dans sa marche?

Un peu après la chute du jour, un officier détaché du quartier général avait annoncé au général Makenna un convoi considérable de blessés; la nuit était déjà avancée, & le convoi signalé n'avait pas paru. Le général, inquiet, ordonna une battue autour du campement, dans la direction de la route du Fondouck. On avançait dans la nuit profonde, sondant le terrain, grelottant sous le froid, sans notion d'aucune sorte sur la route à suivre, la baïonnette en avant, à tâtons, embourbés dans des fondrières, secoués dans ces défilés abrupts, craignant de dépasser les limites des grand'gardes, qui n'auraient même pas reconnu les nôtres. De temps en temps on trouvait un soldat égaré, on se heurtait à un blessé étendu sur l'herbe, agonisant sous l'humide brouillard; les hennissements d'un cheval en liberté retentissaient dans cette immense solitude où quelque détonation isolée se faisait entendre.

Enfin on perçut distinctement des gémissements & des plaintes étouffées. On se dirigea avec prudence, en criant : « Qui vive ! » C'étaient les blessés, seuls, abandonnés; on ne s'expliqua point comment ces malheureux avaient pu rester là, sans escorte, étendus sans couvertures, sans abri, sans guides, exposés à la nuit, hors d'état de se mouvoir. C'était lugubre, ce tas de blessés qui râlaient dans les ténèbres, perdus, sans secours, exposés à tout moment à être découverts par les Maures, qui les auraient égorgés sans merci. C'étaient les derniers blessés de la journée ; parmi eux, quelques-uns, couchés sur le sol, ne répondaient plus à ceux qui venaient les sauver, ou un blessé encore plein de vie, mais dont le sang s'échappait & dont les nerfs étaient glacés par le froid de la nuit, coudoyait, sans s'en douter, un cadavre déjà roidi par la mort.

C'est une de nos plus tristes impressions, cette nuit passée à l'arrière-garde. Enfermé sous la tente, on peut s'isoler de ce qui vous entoure ; mais là rien ne nous échappait, ces ténèbres autour de nous ouvraient un vaste champ à l'imagination, qui peuplait la plaine immense de scènes semblables à celle dont nous étions témoins. Et puis nous avions faim, nous avions froid, nous ne savions pas l'issue du combat, nous étions seuls, entourés d'ennemis, & nous attendions le jour, le cœur serré, essayant de nous assoupir autour des tisons humides & fumeux.

Enfin le soleil se leva, perçant les brouillards avec effort, de grandes bandes roses rayèrent l'horizon, la plaine nous apparut baignée dans une brume argentée & couverte au loin d'une abondante rosée qui reflétait les pâles rayons du soleil. Nos premiers regards se portèrent vers la route du Fondouck; elle était déjà sillonnée de convois qui cheminaient lentement, protégés par des forces échelonnées sur le chemin; l'évacuation des blessés du combat de la veille continuait.

Nous n'y tenions plus : aucune consigne, aucun ordre rigide ne nous attachait, nous, à cette arrière-garde, où nous avions plus souffert en vingt-quatre heures de l'inquiétude & du malaise de l'isolement, que depuis le commencement de la campagne. Le général Makenna lui-même avait besoin de nouvelles, & dès qu'un convoi, ayant déposé ses blessés dans les ambulances de l'arrière-garde, se disposa à prendre la route du Fondouck, nous serrâmes la main de nos amis les cuirassiers, & pressé de dissiper les lugubres souvenirs de la nuit, nous poussâmes notre cheval vers Tanger, nous jurant bien de ne jamais plus rester à l'arrière-garde.

« Il envoya dire au maréchal qu'il l'attendait au pont de Bu-Seja, à une lieue de Tetuan. »

CHAPITRE XXIV.

ENTREVUE AVEC MULEY-EL-ABBAS.

La génération actuelle a vu bien des fois s'asseoir autour des tapis verts les diplomates chargés de débattre les intérêts de leurs nations. Dans ces congrès européens les mêmes formules se reproduisent avec le même cérémonial; on aimera peut-être à assister avec nous à une entrevue qui eut pour théâtre un splendide horizon, & pour spectateurs deux armées, séparées par les plus cruelles divisions, plus éloignées encore par leurs croyances, leurs mœurs & leurs habitudes.

Les guerres européennes où se résolvent des destinées bien autrement graves n'offrent point d'aussi pittoresques spectacles; ici tout est nouveau, tout est grandiose, tout est à la hauteur de la nature, & les fières silhouettes des fils de Muslim, leurs costumes éclatants, se détachent merveilleusement sur les lignes qui servent d'horizon aux vertes plaines du Maroc.

On occupait Tetuan depuis quelques jours & on se préparait à une occupation sérieuse, lorsque le sultan donna l'ordre à son frère Muley-el-Abbas de mettre fin à tout prix à une telle guerre & de traiter de la paix avec le général en chef.

Le 16 février, les délégués de Muley-el-Abbas se présentèrent à nos avant-postes en parlementaires; la députation se composait du gouverneur du Riff, du second gouverneur de Fez, du gouverneur de Tanger & du général de la cavalerie. Un Riffein de belle stature marchait en avant du groupe des envoyés, tenant à la main le signe des parlementaires. Une dizaine de serviteurs & soldats les accompagnaient, les uns de troupes régulières, les autres simples esclaves destinés à présenter les étriers, à tenir les chevaux en laisse & à porter dans les housses de damas rouge les riches espingardes niellées d'argent. Le comte de Reüss, dont le camp formait front de bandière, s'avança au-devant des parlementaires; il leur adjoignit un officier supérieur de cavalerie pour traverser son camp, situé à la porte de Fez, entrer dans la ville, en sortir par la porte de la mer & arriver enfin jusqu'au maréchal, qui avait son quartier général à une demi-lieue de cette porte, de l'autre côté de Têtuan, car O'Donnell préférait la vie de la tente à celle de la ville, &, tandis que la plupart des généraux habitaient des palais dans Têtuan, lui était resté au camp, exposé à toutes les intempéries. L'entrevue fut courte; le général en chef, pris au dépourvu, ne pouvait que prendre acte des propositions de paix; il expédia son secrétaire à Madrid pour demander à la reine son ultimatum.

Après cinq jours, les envoyés devaient revenir & s'entendre dicter les conditions imposées par le vainqueur. Quelques jours après, en effet, Muley-el-

Abbas sollicita une entrevue, il envoya prévenir le maréchal qu'il l'attendait au pont de Bu-Séja, à une lieue de Tetuan, où il avait fait dresser une tente.

Cette importante nouvelle se répandit vite dans les camps espagnols; tout le quartier général fut sur pied en un instant. Mille Maures, tant cavaliers que fantassins, accompagnaient l'émir; le maréchal, dont l'état-major se composait d'une centaine de cavaliers, prit en outre une escorte de cent cuirassiers & se mit en marche. Rien de plus pittoresque que la route qui conduit de Fez au pont de Bu-Séja; les chemins ne sont pas tracés, & les sentiers, à peine praticables, tantôt serpentent entre deux collines abruptes, tantôt semblent suspendus en corniches aux premiers étriers des montagnes d'Amsa. De temps à autre, un petit chemin aboutit au sentier principal, conduisant à des villages de troglodytes, dont les maisons blanches tachent les fonds couleur ardoise de la montagne. Le temps était magnifique, mais la nuit avait été orageuse, & les torrents, qui roulaient au-dessous de nous en minant la route où nous marchions, entraînaient avec leurs racines les grands lauriers-roses qui flottaient sur les eaux chargées d'écume.

Devant nous, tant le ciel était limpide, se détachaient avec une parfaite netteté les silhouettes des montagnes les plus éloignées, les premiers horizons d'un ton gris soutenu, les autres passant graduellement d'un bleu pâle à l'indigo le plus intense. Nous mîmes une heure entière à parcourir cette route, dont les accidents nous cachaient la plaine où devait avoir lieu l'entrevue. Un mouvement de terrain formant plan incliné nous permit enfin de la découvrir tout entière, verte, brillante, parfaitement plane, un vrai tapis de verdure émaillé de petites fleurs blanches, au milieu duquel la tente de l'émir semblait une gigantesque colombe qui venait de se poser sur l'herbe. La tente était isolée; sur la gauche, en ordre de bataille, se dressaient avec une rigidité de bas-relief les cavaliers maures, les uns revêtus de leurs haïks blancs, les autres de grands burnous de couleur lilas; en avant d'eux, dix porte-étendards appuyaient sur le pommeau de leurs selles de velours incarnat de longues hampes surmontées du croissant, les unes portant la queue du cheval flottant au vent, les autres de simples guidons verts, bleus ou rouges. Tout à fait au premier plan, l'émir & ses conseillers, à cheval, groupés ensemble, interrogeaient l'espace & semblaient se concerter entre eux. Nous fîmes halte à 200 mètres du prince qui, voyant ce temps d'arrêt, détacha six cavaliers de la garde noire; six cavaliers de l'escorte du maréchal s'avancèrent à leur rencontre; le général Oustaritz, secrétaire du maréchal, était à leur tête; on arrêta en un instant le cérémonial, & l'on vit se diriger vers la tente une vingtaine de Maures, l'émir les précédant de quelque pas. Le maréchal, accompagné de tous les généraux chefs de corps, & d'un interprète, s'avança à son tour vers la tente, ordonnant à son escorte de rester au point où elle était. Heureusement, le général, plus prévoyant que bien d'autres, pensa à l'histoire & donna l'ordre de laisser avancer au plus près les artistes & les historiographes.

Les deux généraux en chef mirent pied à terre en même temps, se tendirent la main & entrèrent dans la tente: le maréchal avec son interprète, l'émir avec son ministre des affaires étrangères

Mohammed-el-Jetib, un conseiller de la couronne nommé Erzébi, & Aben-Abu le général de cavalerie, servant d'interprète. A la porte de la tente se tenait le secrétaire de l'émir, prêt à paraître au moindre signe. Quant aux généraux ou dignitaires qui accompagnaient Muley-el-Abbas, ils s'étaient assis sur leurs talons, formant, à quelques pas de cette salle improvisée, un cordon pittoresque. Les chevaux de l'émir étaient tenus en laisse par deux Riffeins d'une admirable structure & des types les plus caractérisés. L'un d'eux, la tête presque rasée, avait laissé croître sur le sommet du crâne une longue tresse de cheveux tombant de côté sur l'épaule, & à l'extrémité de laquelle étaient attachés des coraux, des amulettes & quelques monnaies d'argent.

Les deux chevaux, l'un blanc, l'autre gris pommelé, que l'émir montait tour à tour, quoiqu'il n'eût son camp qu'à deux lieues de là, représentaient deux merveilleux échantillons de la race arabe pure, les harnais étaient d'or, incrustés de cabochons; la selle, à haut dossier, était couverte d'arabesques sous lesquelles disparaissait le fond de velours rouge; une grande étoffe, d'un ton d'opale, recouvrait jusqu'aux sabots ces deux admirables animaux qui parfois frémissaient & tendaient leurs naseaux roses injectés de sang, en faisant entendre un hennissement strident; tous deux portaient au cou un sachet contenant leur généalogie, & les deux esclaves, attentifs à leurs moindres mouvements, chassaient, à l'aide de leurs éventails de plumes d'autruche, les insectes qui venaient irriter les nobles bêtes. En face de cette scène, nous pensions à notre ami Fromentin qui a si bien peint tant de scènes pareilles, &

nous nous promettions de relire *l'Hiver dans le Sahel.*

Regardant attentivement autour de nous, nous pouvions voir se peupler cette vaste solitude. Armés de nos longues-vues, nous distinguions, au sommet des premières collines, des groupes de montagnards assistant de loin à ce spectacle; plus près, couchés à plat ventre dans l'herbe, comme des choaffas épiant un camp, ou cachés derrière les lauriers-roses & les lentisques tordus, quelques pasteurs tentaient de s'approcher, de rares chameaux paissaient dans la plaine, au pied des premières collines qui formaient le premier plan de l'horizon; à notre gauche, d'une blancheur inquiétante pour l'œil, & finissant le point lumineux du tableau, se détachaient, sur le fond bleu des dernières collines, les arcs élégants du pont de Bu-Séja.

Muley-el-Abbas.

CHAPITRE XXV.

L'ENTREVUE.

Les destinées de deux peuples se débattaient sous cette tente de toile. De temps en temps la voix du maréchal arrivait jusqu'à nous, énergique, menaçante, & nous arrachait à notre contemplation. O'Donnell avait pensé que ces récriminations arriveraient pâles & sans vigueur aux oreilles des plénipotentiaires s'il se bornait à expliquer froidement à l'interprète ce qu'il avait à leur dire; il fallait que sa parole fût animée par l'attitude, l'expression, le geste & l'intonation. Il adressa donc directement la parole à l'émir, comme si celui-ci le pouvait comprendre. Parfois, simple & bon, il lui montrait toute la perfidie de ceux qui les avaient engagés dans cette guerre, les abandonnant au moment du péril. D'autres fois, il s'élevait jusqu'à l'éloquence en lui faisant une énergique peinture du sort qui attendait ses sujets. Il représentait leurs villes prises, leurs campagnes ravagées, leur culte outragé & la bannière espagnole flottant sur les murs de Fez & de Méquinez. Muley-el-Abbas & ses conseillers avaient à peine besoin de la traduction de l'interprète, tant la pantomime était expressive & énergique. Le geste du maréchal était ardent, sa parole vibrante, & ses yeux, fixés sur ceux de l'émir, auraient suffi à lui exprimer ses récriminations.

Un jeune interprète de dix-sept ans, avec une perspicacité rare, traduisait après chaque point, non-seulement l'essence des paroles du maréchal, mais jusqu'à la nuance de chaque mot, & l'ordre dans lequel ils avaient été prononcés.

Muley-el-Abbas, triste, abattu par tant de défaites, placé fatalement entre ces deux hypothèses : la paix avec des conditions onéreuses, la guerre avec la perspective de nouvelles conquêtes pour l'Espagne, baissait la tête & écoutait sans récriminations les discours du maréchal. Mohammed-el-Jetib avait une objection prête pour répondre à chaque fait avancé & attendait que l'émir voulût bien lui accorder le droit d'entrer en discussion avec le vainqueur.

Aben-Abu, l'interprète de l'émir, lut enfin les conditions, & chaque article accepté était accueilli par cette formule prononcée par le ministre marocain : *Le sultan le veut bien.*

Quand on en vint à cette condition de garder Tetuan comme garantie de l'indemnité de la guerre, l'émir secoua tristement la tête en disant que, malgré son vif désir de faire la paix, il regardait cet article comme un obstacle... Quant à Mohammed-el-Jétib, il s'écria résolûment :

— Avant de céder Tetuan, les Maures mourront jusqu'au dernier !

— Qu'ils meurent ! répondit durement le maréchal, & il se leva en tendant la main à Muley-el-Abbas ; mais l'émir saisit le général espagnol par les pans de sa tunique afin de le retenir &, s'adressant au jeune interprète, lui dit tristement :

— Supplie-le de s'asseoir, je veux la paix.

— Oui, tes soldats mourront, dit le maréchal au ministre marocain, & mourront en braves comme leurs frères; toi qui n'as jamais porté les armes, & qui cèdes à de perfides conseils, tu n'as pas le droit de parler si haut. J'ai vu, moi qui te parle, ce prince héroïque que je respecte & que j'aime, qui est aujourd'hui tremblant & découragé pendant que tu dresses insolemment la tête, combattre naguère au premier rang, ramener au feu ses soldats en désordre, couvert du sang de ses officiers qu'il excitait à la bravoure : & malgré tant de valeur, tant d'efforts, avez-vous jamais remporté un seul avantage? Où sont vos prisonniers, vos tentes, vos canons, vos trophées?

Mohammed-el-Jetib était merveilleux de sang-froid, parlait d'intervention des puissances étrangères & se renfermait dans un : *Non possumus*. La scène devenait pénible, & le ministre s'efforça de la ramener dans les limites d'une transaction diplomatique en parlant de l'intervention probable des puissances européennes le jour où l'armée espagnole s'avancerait vers Tanger; il manœuvra habilement, parla à mots couverts de l'attitude de l'Angleterre dans la question marocaine, des puissants intérêts qu'il fallait ménager & des notes par lesquelles on s'engageait à ne point faire de conquêtes.

Le maréchal s'animait à mesure que Mohammed-el-Jetib, avec tout le sang-froid du diplomate, lui montrait les complications qui devaient surgir; il dépeignit l'enthousiasme qui régnait dans la Péninsule, les immenses ressources dont elle pourrait disposer, la bonne disposition des troupes, leur courage, leur discipline.

Cette première entrevue n'aboutit point. Avant de le quitter, Muley-el-Abbas voulut présenter ses généraux au maréchal, qui présenta à son tour tous les généraux chefs de corps. Les uniformes étriqués des Espagnols contrastaient piteusement avec ces beaux costumes nobles & dignes qui s'harmonisaient si bien avec les lignes des horizons. Pendant ce temps-là, comme les chefs sympathisaient entre eux, nous nous étions mêlés aussi aux caïds qui nous laissaient examiner leurs armes, leurs vêtements & leurs chevaux. Cependant les deux escortes étaient toujours restées en arrière, &, sur un signe des deux chefs, chacun monta à cheval. En un instant la plaine était vide, & le terrain, neutre un moment auparavant, était redevenu une terre ennemie.

Alarcon & moi, qui nous étions tenus près de la tente, à portée de voix de l'interprète, nous étions presque seuls à savoir le secret de cette entrevue, & tout l'état-major épiait dans nos yeux un signe, une manifestation. Tant que le maréchal ne parla point, il fallait garder le secret diplomatique. Mais notre rentrée à Tetuan, en traversant les camps, fut saluée d'un long cri de : « Paz o guerra? » — Guerra! répondit énergiquement le maréchal, & ce mot, répété par trente mille bouches, fut bientôt commenté par tous ceux qui, une heure auparavant, avaient vu passer devant leurs yeux l'image du foyer, les pères en cheveux blancs, les mères, les sœurs & les fiancées, & qui, le lendemain, allaient courir à de nouveaux combats après tant & de si longues fatigues.

« C'était un palais arabe du plus beau style. »

CHAPITRE XXVI.

LA CASA D'ASHAH.

Au lendemain de l'entrevue que nous avons racontée, nous abandonnâmes le camp pour venir habiter la ville; la vie de la tente nous séduisait sans doute, mais le travail y est difficile, & nous voulions classer nos dessins & nos notes afin de pouvoir un jour écrire les *Souvenirs du Maroc*[1], journal détaillé, rédigé sous l'impression du moment, auquel ces souvenirs serviront de corollaire. Ici, c'est l'artiste qui se souvient, & l'impression personnelle tient plus de place; là-bas, c'est l'histoire de la campagne depuis notre départ de Malaga jusqu'au jour où nous rentrâmes en Espagne.

Le maréchal, lui, infatigable malgré son âge, ne prit pas un instant de repos; il resta au milieu de son état-major dans la partie boisée où s'élevait quelques jours auparavant le camp des Maures. Nous lui fîmes part de notre résolution en lui demandant de nous désigner un logement, & quelques jours après, nous occupions la maison dite *casa d'Ashah*, l'une des plus somptueuses de Tétuan, avec notre ami Alarcon & les deux in-

---

[1]. 1 vol., 1863, chez Morizot, 3, rue Pavée-Saint-André.

terprètes du quartier général. Quelques jours plus tard, lorsque la situation diplomatique l'exigea, un envoyé du ministère d'État, diplomate d'un haut mérite, M. Francesco Merri y Colon, nommé ministre à Tanger après la campagne, se joignit à notre petite colonie.

La *casa d'Ashah* était un palais arabe du plus beau style; partout, dans les grands patios jaillissaient les eaux vives sous des orangers & des citronniers. Le sol de mosaïque, les murs incrustés d'*azulejos,* les belles arcades en fer à cheval, les portes sculptées de versets du Coran, les plafonds en stalactites à nervures d'un rouge vif rehaussé d'or, réalisaient pour nous le palais arabe que nous avions rêvé. A l'extérieur, cette superbe habitation, dans laquelle on pénétrait par une petite porte très-étroite, ne présentait qu'un aspect misérable, un grand mur blanchi à la chaux, percé hors de la portée des yeux, de quelques étroites fenêtres garnies de grilles rouillées ou pourvues d'un petit moucharaby en treillis.

C'est le grand principe de l'Arabe qui cache sa vie. Chez lui la lumière vient d'en haut & c'est un symbole ; Allah seul peut voir ce qui se passe dans sa demeure.

Nous parcourûmes de suite notre nouvelle demeure, trouvant partout des traces du récent usage qu'on avait fait de toutes choses. Les étagères étaient remplies de porcelaines de tous pays, depuis celles de la Chine & du Japon jusqu'à celles de Londres & du faubourg Saint-Antoine. Les imitations anglaises abondaient partout, les Maures de Tetuan, en ce moment de décadence de leurs arts nationaux, n'avaient déjà plus le goût de ces belles faïences à reflets métalliques qu'ils exécutèrent si bien autrefois, ils se fournissaient désormais à Gibraltar.

Le palais était démeublé cependant, on sentait qu'à la hâte on avait sauvé les objets les plus précieux; les immenses coffres chargés d'arabesques & rappelant, comme usage & comme forme, nos bahuts du moyen âge, gisaient éventrés sur le sol, vides de toutes les hardes & des étoffes précieuses qu'elles contenaient. Les armes, les menus objets avaient été emportés, les divans restaient seuls pourvus de ces innombrables petits matelas couverts de soie qui abondent dans les habitations arabes. Chacun choisit son domicile; nous dressâmes notre lit dans une petite cellule étroite dont les fenêtres basses, à hauteur du sol, donnaient sur le patio.

Ashah, qui donnait son nom à la maison que nous habitions, avait été gouverneur de Tetuan pour l'empereur du

Maroc; comme la plupart des gouverneurs maures, il était arrivé rapidement à une grande fortune, & le bruit de cette opulence étant parvenu jusqu'au sultan, il fut mandé devant son souverain à sa résidence de Fez. Ashah nia qu'il fût possesseur de revenus aussi considérables, & comme l'Arabe cache volontiers son trésor, le bruit courut dans Tetuan que l'ex-gouverneur, apprenant qu'il allait comparaître devant le sultan, avait enfoui le sien dans la mosaïque de son palais. Nous avions été frappé en entrant dans la case d'Ashah de trouver en quelques points les belles mosaïques du sol enlevées sans nécessité apparente &, de distance en distance, des trous béants, dans des salles où tout était en ordre & qui n'indiquaient point qu'on fût en train de les réparer. Ce détail nous avait étonné, sans cependant laisser de traces dans notre esprit;

nous n'en comprîmes l'importance que lorsque les juifs que nous appelâmes pour leur acheter des étoffes nous eurent dit, avec la plus vive insistance, que la maison que nous habitions cachait un trésor.

A la faveur du trouble qui avait succédé à la prise de la ville, quelques juifs s'étaient introduits dans la maison déserte &, munis des outils nécessaires, en avaient déjà fouillé les diverses parties, ce qui expliquait les excavations dont nous avions constaté l'existence. Plus tard cette circonstance donna naissance à un charmant épisode que nous allons rapporter.

CHAPITRE XXVII.

RAMON LE RENÉGAT.

Nous commençâmes dès lors une vie toute romantique, remplie d'étude & d'observations, & qui ne fut interrompue que par une attaque, une conférence, ou l'arrivée d'un haut personnage.

Alarcon, l'historiographe de l'armée, avait noué des relations avec une espèce de renégat, nommé Ramon, qui habitait Tetuan depuis sept ans, faisant le commerce avec les Maures, vivant comme eux, parlant leur langue, passant de Gibraltar à Tanger, de Tanger à Tetuan, de Tetuan à Cadix, moitié trafiquant, moitié contrebandier, moitié pirate; il était pour les Maures un intermédiaire commode & protégé par tous, & avait établi son domicile dans le quartier des juifs où il avait acheté une maison qu'il avait meublée à l'arabe.

Quand la guerre éclata, Ramon devint nécessairement suspect; on brûla sa maison; sa femme & sa fille coururent les plus grands dangers, & lui-même, muni de ses espèces & de quelques provisions, s'enfuit la nuit, heureux de ne pas perdre la vie.

Mais Ramon suivait de loin la marche des troupes espagnoles, il se disait que si l'armée venait jusqu'à Tetuan, la persécution se changerait pour lui en protection, qu'il serait indemnisé & pourrait rendre les plus grands services à l'armée. A partir du jour où nous fûmes en vue de Tetuan, Ramon, qui s'était réfugié à Gibraltar, fréta une de ces felouques qui portent un œil à la proue, qu'on voit se balancer chargées d'oranges dans les ports de Valence & de Malaga, prenant son beau-père & sa femme pour tout équipage, il traversa le détroit, remonta la rivière Azmir qui se jette dans la mer à deux lieues de Tetuan, &, industrieux s'il en fut, vint vendre des poulets étiques aux officiers affamés, déjà las du riz éternel & de l'éternelle morue sèche.

Nous cherchions à ce moment-là, en face de cette ville blanche qui était devant nos yeux & dans laquelle nous devions entrer, un homme bien au fait des coutumes mauresques, un interprète qui tînt le milieu entre le soldat & le commerçant; si on prenait Tetuan, Ramon nous mènerait droit aux bons endroits, nous dirait les usages, les mœurs, les habitudes, le nom de chaque chose ; c'était pour nous un élément de travail utile.

On s'aboucha donc avec Ramon, qui nous convia à déjeuner à bord de la felouque, nous présenta son père, un vieux matelot rusé mêlé de maquignon, sorte de gitano amphibie qui parlait un andalou renforcé. Puis vint sa femme, une belle Gaditane, bien en chair, comme les Espagnoles qui prennent de l'âge, & sa fille, une de ces merveilles comme on en rencontre surtout à Alicante, à Cadix, à Malaga & dans les ports du littoral.

Nous désignâmes cette famille au maréchal, Ramon fut interrogé, expliqua la topographie de la place, indiqua sur la carte de l'état-major les parties marécageuses qui ne pourraient point servir de routes à l'artillerie, montra, sur le plan de Tetuan, les postes fortifiés, les remparts armés, les casemates, donna des détails précieux aux assiégeants, & fut chargé, quand on fit quelques prisonniers, de les interroger pour recueillir des aveux utiles pour l'attaque de la ville.

Dès que nous fûmes installés dans la maison d'Ashah, Ramon nous fit valoir ses services, & demanda le droit d'installer dans notre patio une sorte d'hôtellerie pour les officiers : cela lui fut concédé ; il repartit pour l'Espagne, toujours à bord de sa felouque, & revint muni de liqueurs de toutes sortes, de conserves, de bougies, de chocolat, de tout ce qui peut servir à des officiers en campagne. Il mena bien son petit négoce, & pendant le peu de temps que la ville fut occupée, réalisa un gros bénéfice tout en continuant à réclamer du gouvernement espagnol une indemnité pour les dommages qu'on lui avait causés en pillant sa maison.

LA BELLE PEPITA.

La belle Pepita nous servait à table, elle nous apportait la nationale omelette aux pommes de terre &, de sa main de fée, nous versait le mançanilla & le xerez.

Chacun sait ce qu'est une belle Espagnole, mais on connaît moins une race privilégiée entre toutes pour la beauté & en qui s'incarne les qualités les plus opposées. Pepita, fille d'Andalou, était née à Tetuan ; elle était donc Mauresque & Andalouse, c'est dire qu'elle avait la verve des filles de Séville & la langueur des mahométanes, le tein rose-thé des femmes de Tétuan & le regard de feu des Gaditanes; on pouvait user à son profit toutes les hyperboles, elle en était digne, elle était d'une beauté absolument idéale, & souvent, pendant qu'elle se tenait debout à côté de nous, l'œillet rouge planté derrière l'oreille au milieu de tresses noires abondantes, & dont les reflets étaient presque bleus, nous nous arrêtions à la contempler &, encouragés par le décor oriental où se passait cette scène familière; nous nous laissions aller à lui parler un langage imagé digne des poëtes persans. Pepita, entre un poëte & un peintre, s'en-

tendant appeler *Fleur-de-Pêcher*, fuyait comme un oiseau qu'on effarouche, en éclatant de rire, & les échos du patio retentissaient comme si on eût égrené un collier de perles sur les dalles de marbre.

Cependant sa mère Carmen trônait au comptoir, entre ses fioles & ses paniers de fruits, & son grand-père, le rusé gitano, attablé avec quelques juifs, discutait les bases d'un ténébreux marché. Quant à Ramon, le père de Pepita, à quelque heure du jour qu'on le surprît, il dormait, tantôt appuyé contre une colonne, tantôt étendu sur des coussins, à l'ombre, dans le patio. Nous eûmes bientôt l'explication de cette éternelle somnolence.

Depuis trois nuits déjà notre sommeil était troublé, & comme nous occupions la même chambre qu'Alarcon, en ouvrant les yeux au milieu de la nuit, nous le trouvions aussi sur pied, réveillé comme nous par un bruit régulier, continu, bruit sourd, insupportable, qu'on ne pouvait plus ne pas entendre dès qu'on l'avait une fois perçu. Il semblait que le piston d'une machine, avec sa régularité, ou le tic-tac d'un moulin, avec sa persistance, fût la cause de ces trépidations. C'était tantôt un bruit souterrain; tantôt, au contraire, le son se faisait entendre au-dessus de notre tête. Et il nous semblait que depuis longtemps déjà, au moins une quinzaine de nuits, dans les langueurs du sommeil, nous avions perçu ce bruit monotone, assez éloigné de nos oreilles pour qu'il ne suffît pas à nous priver de tout repos. Cependant après trois nuits, Alarcon & moi nous perdîmes patience, & nous nous levâmes, décidés à pénétrer ce mystère.

LE TRÉSOR DE LA MAISON D'ASHAH.

Agités par l'insomnie & décidés à savoir à quoi nous en tenir sur le bruit persistant qui troublait notre sommeil, mon compagnon & moi, munis chacun d'une bougie & d'un revolver, nous parcourûmes sur la pointe des pieds toute la maison d'Ashah.

Dans le patio, les eaux jaillissantes qui coulaient incessamment dans les vasques de marbre se pailletaient de points lumineux sous les rayons de la lune, & les grandes arcades dentelées, en fer à cheval, portées sur les fines colonnettes de marbre découpaient nettement sur les dalles de marbre leurs ombres bizarres. Nous allions ainsi à travers les grandes salles vides, les étroits couloirs, les petits recoins, suivant la direction d'où partait le son, nous arrêtant de temps à autre afin de pouvoir entendre. Bientôt, en effet, au rez-de-chaussée, dans une petite salle étroite, décorée sur toutes ses faces de carreaux de faïence, nous vîmes,  dressée contre le mur, une silhouette noire, la face contre la paroi, presque immobile. La main seule, armée d'un outil imperceptible, frappait le mur, qui rendait un son clair. C'était bien le bruit qui, depuis trois jours, troublait ainsi notre sommeil, bruit que nous avions constaté depuis au moins quinze nuits, dans des intervalles d'insomnie.

— Qui vive ! s'écria Alarcon, en armant le revolver.

— Ami ! répondit une voix tremblante qui nous était connue.

Nous levâmes chacun notre lumière au-dessus de notre tête & nous reconnûmes Ramon, blême comme un spectre, très-interdit & décontenancé.

— Nous expliquerez-vous, don Ramon, dis-je à notre hôte, à quelle cabalistique opération vous vous livrez là ?

— J'aurais voulu vous le cacher, répondit-il, mais puisque je n'ai pas été assez prudent pour ne pas éveiller vos soupçons, ne m'accusez d'aucun maléfice ; je sonde.

— Comment ! vous sondez ! Mais que sondez-vous, & pourquoi sondez-vous la nuit, au-dessous de nous, pour nous empêcher de reposer après de si rudes journées?

— Je vous demande pardon; mais je vais tout vous dire, messieurs. Il n'y a pas à douter qu'il n'y ait ici un trésor, un immense trésor. Où est-il? Je n'en sais rien encore; mais il est ici. Ashah est à Fez, dans les prisons de l'État. Il avait fait une fortune immense quand il gouvernait Tetuan. Le sultan n'a pu lui faire rendre gorge. Il est là-bas sans un maravédis. Le trésor est ici, j'en réponds. J'ai donc pris mon parti; j'ai pris pièce par pièce, salle par salle, plancher par plancher; & depuis la porte jusqu'aux combles, je prends aussi carreau par carreau; je sonde les murs, & quand ils rendent un son mat, je lève les carreaux de faïence. Voici la quinzième nuit que j'ai commencé. Il me reste encore beaucoup à faire; mais j'ai de la patience & j'arriverai.

Tenez, si vous voulez me suivre, je vais vous montrer toutes les excavations. Un soir, j'ai bien cru tenir mon affaire. Après avoir constaté que je marchais sur un sol en galerie, j'ai levé les azulejos & j'ai trouvé une cachette. Vous voyez, j'ai pu y pénétrer à genoux ; mais la cachette est vide ; la dalle avait été déjà levée une fois.

— Je m'explique enfin ce bruit incessant, maître Ramon, & je crois que vous perdez votre temps. Voilà donc pourquoi chaque jour on vous trouvait dans un état de somnolence que je ne comprenais point, pour un homme aussi actif que vous. Eh bien, dorénavant, si cela ne vous fait rien, vous sonderez pendant le jour.

— Jamais, monsieur, c'est trop grave ; on saurait ce que je cherche, parce que tout Tetuan connaît ce qui s'est passé pour Ashah, & je sais bien que ce n'est pas des caballeros comme vous qui voudriez faire du tort à un pauvre homme comme moi.

— Mais si vous trouvez le trésor, don Ramon?...

— Oh! alors, monsieur, je ne suis pas un ingrat, & je n'oublierai jamais que c'est vous qui nous avez logés ici, qui nous avez présentés au maréchal & mis à même de gagner honorablement notre vie. Nous partagerons.

— Acceptons toujours, dis-je en riant à mon compagnon, & allons nous coucher.

— Pas encore, dit Alarcon, cette histoire-là a du caractère, & j'en veux savoir le fin mot.

— Mais dites-moi, don Ramon, vous saviez donc cela avant de venir ici, ou si c'est la légende du pays qui vous en a révélé l'existence...

— Ces messieurs ne me trahiront pas; je vais tout leur dire.

En rentrant à Tetuan, j'avais mon idée. Vous vous souviendrez bien que je vous ai dit le jour de la fête du prince des Asturies : « Ah! si jamais les Espagnols prennent Tetuan, je vous conseille, monsieur, de demander qu'on vous loge dans la maison d'Ashah; elle est très-belle, très-spacieuse. Monsieur me prendra pour brosseur; ma femme & ma fille feront un petit commerce, & nous serons très-bien là. » Eh bien, monsieur, je pensais déjà à mon affaire; vous avez demandé la maison d'Ashah, on vous l'a donnée; je n'ai rien dit à personne; Carmen dort comme une souche; quant à Pepita, ça a seize ans, monsieur, c'est tout vous dire; moi, je travaille pour leur bonheur à toutes les deux, mais nous partagerons, monsieur; je vous le promets.

— Allons donc nous coucher! répétai-je, & vous, Ramon, assez sondé comme cela; vous perdez un trésor plus sûr, c'est le sommeil.

Et nous traversâmes encore le grand patio. Une heure après, tout rentrait dans le silence &, dans mon rêve, je plongeais les deux bras dans des caisses bariolées, pleines de pièces d'or; les diamants ruisselaient; je pillais Golconde, je découvrais des placers vierges, & je prenais en pitié ces pauvres califes des *Mille & Une Nuits.*

CHAPITRE XXVIII.

LE JOURNAL DU CAMP. — *L'Echo de Tetuan.*

Ce fut pendant notre séjour à la maison d'Ashah que nous mîmes à exécution une idée qui eut un succès prodigieux & qui, poursuivie avec persévérance jusqu'à la fin de la campagne, eût été un coup de fortune pour des hommes doués de l'esprit d'industrialisme.

Comme l'état-major général était muni d'une presse de campagne pour l'impression des ordres du jour, des proclamations & de tous les documents émanant du maréchal, on institua l'imprimerie, qui jusque-là était une imprimerie volante, dans cette maison d'Ashah, devenue une sorte d'office gouvernemental où on menait de front la recherche des trésors & la propagande politique. Sans savoir où on allait, on commençait déjà à *espagnoliser* la ville : la place principale était devenue la « place d'Espagne » ; la porte du nord avait pris le nom de « porte Isabelle II » ; on bouleversait tout, démolissant les maisons, élargissant les voies, créant de nouveaux établissements, changeant les aspects, faisant de la cité arabe, vieille & pleine de caractère, une ville moderne, avec de grandes artères, qui commençaient déjà à être à la mode. Les quelques Maures qui revenaient pour le trafic roulaient des yeux féroces en voyant s'écrouler les pans de murs de la vieille cité, & auguraient mal de ces changements, qui semblaient promettre une occupation définitive.

Chapitre XXVIII.

Quoi qu'il en soit, officieusement, sinon officiellement, Alarcon, avec son enthousiasme castillan, voulut prendre possession de Tetuan, au nom de l'idée. Il ne faut pas oublier qu'Alarcon est un poëte, & il y avait de quoi séduire un rêveur dans ce symbole de la guerre civilisatrice portant dans un pli de sa robe la presse de Gutenberg & la pile de Volta (car j'oublie de dire que le télégraphe fonctionnait déjà).

L'*Écho de Tetuan* vit donc le jour; on l'envoya à tous les journaux d'Espagne; il fut lu par l'armée entière & acquit en peu de temps une célébrité immense. Comme, d'une part, les rédacteurs étaient en même temps soldats, peintres, historiographes, administrateurs, correspondants de journaux, metteurs en pages, protes & correcteurs; que, de l'autre, on ne voulait que constater le fait par la publication de quelques numéros, on négligea d'inscrire le nombre énorme de demandes qui vinrent de tous les points de la Péninsule.

Un matin même, un industriel catalan se présenta, apportant des capitaux considérables pour fonder l'affaire. Il fallut refuser.

Le *premier-Tetuan* donnera une idée du lyrisme castillan. Il était conçu en ces termes :

« Au nom de Dieu & au nom de notre chère Espagne; dans notre belle langue castillane, sous la bannière triomphante de Jésus-Christ; que le premier journal de l'empire du Maroc naisse à la lumière! que l'immortel Gutenberg tressaille dans sa tombe en voyant la parole imprimée traverser ces horizons, pâle étoile aujourd'hui, puisque c'est ma pauvre intelligence qui lui donne la lumière, mais qui un jour arrivera à être un brillant foyer de vérité, répandant des

Chapitre XXVIII.

rayons d'amour & de justice dans l'esprit des Africains, voué encore aux ténèbres.

. . . .

« Cette feuille peut mourir demain ou être suspendue, car le clairon de la guerre peut résonner & nous appeler à de nouvelles luttes; peut-être aussi son second numéro se publiera-t-il loin de Tetuan, sous une tente de laine, dans le douar d'un pasteur maure ou dans quelque ville du Maroc, mais de toute façon, le fait reste consigné; le but est tracé, la presse renaîtra de ses cendres sur ces plages, & poëtes, publicistes, savants & philosophes peuvent faire honneur à Tetuan dans un temps plus ou moins reculé. »

Ce lyrisme n'empêchait pas la bonne humeur de percer, car, à la colonne des faits divers, on pouvait lire ce qui suit en entre-filet :

« On vient de découvrir dans le Barrio juif une femme qui trouve le moyen de blanchir les chemises : quand le linge est arrivé, grâce à un procédé aussi simple qu'ingénieux, à un état de blancheur satisfaisant, au moyen d'un instrument de fer soumis quelque temps à l'action du feu, elle arrive à donner à la toile une roideur & un poli extraordinaires. Nous compléterons notre renseignement en annonçant que cette personne industrieuse n'exige qu'un salaire très-modique & qu'elle se contente d'un réal pour chaque chemise. »

Ce fait divers, on le devine, correspondait à cette intéressante circonstance que depuis trois mois déjà, pour chacun de nous, une chemise blanche était un luxe & une chemise empesée un mythe : l'eau était alors beaucoup trop rare & beaucoup trop précieuse pour l'employer au lavage.

Chapitre XXVIII.

Les événements marchèrent, la guerre continua. L'*Écho de Tetuan* n'eut qu'un numéro, il est aujourd'hui classé comme une rareté dans les archives espagnoles, & c'est un document historique des plus curieux & certainement unique dans son espèce.

CHAPITRE XXIX.

LORD O..... — UN ORIGINAL.

Le maréchal était resté campé de l'autre côté de Tetuan, toujours infatigable, le premier debout, allant d'un camp à l'autre, fatiguant ses jeunes aides de camp, & endurant, comme à plaisir, les intempéries & les privations.

Notre prise de possession de Tetuan n'avait pas avancé nos affaires au point de vue de l'abondance & de la variété des vivres, car, par une entente fidèlement observée, les Arabes nous affamaient dans la ville, tenant la plaine au nord & au sud, les montagnes à l'est &

à l'ouest, & exécutant sans sourciller, tout montagnard pris en flagrant délit de trafic avec l'ennemi. Le chemin qui menait de Tetuan à la mer nous appartenait seul depuis le lever du soleil jusqu'au coucher, sillonné qu'il était de convois, de détachements, de courriers & d'aides de camp; à chaque instant cependant on y était attaqué, la poste avait risqué vingt fois d'être dévalisée, & si la nuit quelque soldat égaré s'y risquait, c'était un homme mort; & on trouvait son cadavre mutilé. On ne comptait déjà plus le nombre des victimes & les mules ou chevaux volés par les pillards.

Sur ces entrefaites, comme nous préparions les éléments d'une composition représentant la bataille de Tetuan dans tout son ensemble, nous dûmes retourner sur le champ de bataille du 4 février, à cette tranchée devenue célèbre que le comte de Reuss & le général Ros de Olano avaient si brillamment enlevée, devant ce marais fleuri où nous-même avions été désarçonné. Cette nuit-là nous couchâmes au quartier général & le maréchal nous convia à dîner. C'était la seconde fois que le général en chef nous recevait, mais, ce soir-là, il avait un convive qui excita au plus haut point notre curiosité, & qui, dans l'armée, était déjà devenu un personnage légendaire.

Ce convive était Anglais, il s'appelait lord O... & avait joué un rôle dans la politique de son pays. Ses fils étaient officiers & campés à Gibraltar; il était venu de l'île de Wight, à bord de son yacht, où il était installé avec le plus complet confortable. Comme il avait entendu le canon sur la côte du Maroc, il avait résolu de suivre de loin les événements en amateur, il rasait la plage, mettait de temps en temps son canot à la mer & venait visiter nos campements.

Ce n'était pas un Anglais, c'était l'Anglais. Froid, gourmé, méthodique, d'une haute distinction, d'une politesse parfaite, très-instruit, très-élégant, avec un calme imperturbable, toujours ganté de frais & cravaté de blanc sur ces plages inhospitalières, il avait l'air de sortir d'une boîte. Je suis sûr que le matin, à son bord, il avait fait son hydrothérapie, pris son thé à point avant de mettre sa chaloupe à la mer, exactement comme s'il eût été dans sa villa des environs de Londres.

Un jour, par aventure, pendant une escarmouche qui avait tourné court & n'avait point abouti, j'avais rencontré lord O... qui n'avait qu'une idée : assister à un combat très-sanglant. Et malheureusement il s'était trouvé trop loin de la côte le jour de la bataille de

Castillejos & le jour de la prise des campements.

La lorgnette en bandoulière, finement chaussé, lord O... parcourait les plaines. On le connaissait déjà, & je dois dire qu'on le regardait d'un mauvais œil à cause de sa nationalité. On avait fait sa légende; & on lui prêtait un rôle singulier pendant cette guerre, sachant qu'il allait constamment de Gibraltar à Tetuan, de Tetuan à Ceuta, à Tanger; hier l'hôte du ministre de l'empereur du Maroc & de Drummond-Hay, le ministre anglais à Tanger; demain le compagnon des Espagnols & plus au courant des marches & des décisions que qui que ce fût. On prononçait donc tout haut le nom d'espion.

Lord O... m'invita une fois à dîner à bord de son yacht. J'acceptai, & je dois dire que ce jour-là, au moment où je me mis à table, par un procédé peu anglais, mon hôte qui ne voulait pas manquer le courrier, me fit attendre une grande demi-heure. Je dus bien croire qu'il venait de fixer par écrit ses observations ou le résultat de notre conversation, & qu'il les transmettait en Angleterre. On prétendait qu'un jour, lorsque nous campions encore à deux lieues de Tetuan, au bord du Rio-Azmir, en se promenant comme chez lui, il avait franchi notre front de bandière, & était allé coucher à Tetuan, traversant ces plaines ennemies sans armes, sans escorte, sans signe de ralliement d'aucune sorte, calme & sans crainte, là où tout autre eût trouvé mille fois la mort.

Je n'ai pas besoin de dire qu'il y avait là une supposition absurde, enfantine; mais cela complétait bien les soupçons qui planaient sur cet Anglais original, qui voulait *voir,* cherchait une émotion & n'avait pas d'autre arrière-pensée.

Chapitre XXIX.

Nous le rencontrâmes le soir chez le maréchal, sous la tente, aussi irréprochable que s'il eût figuré dans un dîner diplomatique du cabinet de Saint-James, & sa présence nous fut bientôt expliquée.

Lord Codrington, qui avait commandé devant Sébastopol & qui se trouvait être gouverneur de Gibraltar, était venu quelques jours auparavant rendre visite au maréchal, & les renseignements avaient été tels, que celui-ci avait cru devoir convier lord O... à sa table.

« La sentinelle tomba foudroyée. »

CHAPITRE XXX.

UN DINER CHEZ LE MARÉCHAL.

Le général en chef, don Léopold O'Donnell, comte de Lucena, président du conseil des ministres & déjà duc de Tetuan — car le général de Léméry, chef de la maison militaire, était venu de la part de la reine lui porter le décret qui lui conférait ce titre, — était de tous les généraux du corps expéditionnaire celui qui déployait le moins de faste. O'Donnell était un soldat dans toute l'acception du mot; il semblait que le camp fût sa vie & la guerre son élément. Sa simplicité avait quelque chose d'austère & de grave qui contrastait avec la splendeur de son rang; j'ai cependant rarement vu un chef avoir plus de prestige aux yeux du simple soldat comme à ceux du supérieur.

Le maréchal avait deux tentes : l'une qui ne dépassait pas dans sa proportion celle des simples officiers; l'autre, d'une dimension plus étendue, portant pour tout ornement un galon rouge au pourtour. Cette dernière tente était double, pour abriter contre le froid & la pluie. Quand on campait, dans une marche,

O'Donnell ne voulait point qu'on se donnât la peine de dresser la grande tente, &, quelque temps qu'il fît, il était campé comme nous tous.

Tout son domestique consistait en un valet de chambre que nous rencontrions les jours de feu, muni d'un fusil à deux coups, à la suite de quelque bataillon. Sa cuisine était celle du lieutenant le plus simple, & les aides de camp de service, qui dînaient à la table du maréchal, regrettaient souvent leur intérieur, mieux fourni que celui de leur chef.

Notre dîner fut plus que frugal. D'abord nous n'avions pas de pain, mais bien de la galette de marin; ce fut le riz traditionnel & les éternelles conserves qui en firent tous les frais; joignez à cela un excellent xérès & quelques mendiants pour dessert.

Le maréchal, très-silencieux par nature, se trouvait en face d'un convive plus silencieux encore que lui; quant à moi, mon âge ne me permettait guère de tenir tête à deux interlocuteurs de ce mérite; ce fut donc la musique militaire qui joua le plus grand rôle dans ce repas de gala. Pendant une heure, les vives *Rondeñas*, la *Jota* & les jolis airs basques mélancoliques & doux se succédèrent; en hôtes galants, les musiciens terminèrent par le *God save the queen*.

Rien ne transpira, pendant tout le dîner, des projets d'avenir, de la durée de l'occupation & des conditions de la paix; ce fut cordial & simple, mais assez silencieux; nous savions qu'O'Donnell se retirait de bonne heure, nous nous levâmes discrètement, & le maréchal voulut nous accompagner jusqu'à la tente où nous devions passer la nuit, quand, soulevant la porte de toile pour nous laisser passer, nous entendîmes un cri épouvantable.

La sentinelle, qui montait la garde à la porte de la tente du général en chef, venait de tomber comme foudroyée ; le fusil était à nos pieds, & le pauvre troupier se tordait sur le sable en poussant des cris horribles. Le maréchal se mit à genoux, releva le malade, & nous courûmes à la tente de Santuccio, le médecin en chef de l'armée ; mais, comme il était déjà neuf heures, presque tout le quartier général était dans l'obscurité. Pendant que nous courions ainsi cherchant le docteur, le maréchal, lui, allait de tente en tente, en criant d'une voix de tonnerre : *Mançanilla! mançanilla!* En entendant cette voix bien connue, presque tout le quartier général fut sur pied en un instant, & la décoction demandée fut administrée par le médecin.

O'Donnell, que j'ai peint froid jusqu'à la férocité dans l'action sur le champ de bataille, en face de cette souffrance isolée, redevenait un homme. Le soldat mourut; c'était un de ces cas de choléra foudroyant qui, au milieu de la sécurité à peine rétablie, venait nous rappeler que l'épidémie veillait toujours, qu'elle ne faisait que suspendre ses coups, & qu'il fallait persévérer dans un régime sobre & sévère.

CHAPITRE XXXI.

RUPTURE DE L'ARMISTICE. — ÉPISODES DU COMBAT DE SAMSA.

Depuis l'entrevue que nous avons racontée, il y avait entre les deux armées un état d'armistice *moral;* en effet, on ne s'était point entendu sur les conditions, mais il fallait le temps d'aller de Tetuan à Fez jusqu'à l'empereur; & de fait, depuis le 4 février jusqu'au 11 mars, à part des exactions de la part des Kabiles, des Riffeins & des hordes d'Anghera, nous n'avions pas été attaqués. Le 11 mars, nous entendions la messe sur la place d'Espagne, quand on vint avertir le général en chef qu'on signalait à l'extrémité de la plaine de Bu-Séja, sur la route de Tanger, des groupes nombreux de cavaliers qui disposaient des éclaireurs & adoptaient pour leur marche toutes les précautions qu'emploient les Maures quand ils veulent attaquer.

Nous étions à côté du général en chef quand on lui annonça cette nouvelle; il répondit à l'aide de camp du général Échaguë : « Ces drôles-là devraient bien laisser finir la messe! Qu'on observe, j'y vais. » Et au lieu d'un défilé solennel au son des musiques, comme cela avait lieu chaque dimanche depuis l'occupation, on disposa les forces & on se rendit au front de bandière.

Cela se dessina très-franchement, avec des masses de cavaliers maures en face, dans la plaine, d'autres à notre gauche, de l'autre côté d'une rivière, qui les protégeait, & tout un parti sur notre droite, occupant les hauteurs. La masse, reliée par des tirailleurs, s'avança très-résolûment. Le mouvement était mieux *écrit* que dans toutes les précédentes attaques.

Ce fut cependant un combat qui n'eut qu'une importance relative, parce qu'on se bornait à se défendre. Je n'ai perçu que deux épisodes très-distincts, l'un, d'un peu loin, & l'autre au cœur même de l'action.

Sur la gauche, les assaillants étaient protégés par la rivière, mais le général en chef, prévoyant le cas où on trouverait un gué, voulait précipiter les choses en faisant charger la cavalerie. L'artillerie à cheval s'avança donc, précédée de deux escadrons du régiment de l'Albuera & d'une force de fantassins qui se déployaient en tirailleurs pour répondre au feu de l'ennemi.

La rivière présentait des berges très-hautes derrière lesquelles s'était abrité un parti de Kabyles qui, voyant s'avancer en bon ordre les forces espagnoles, ne craignit point de passer l'eau & de venir en plaine. Comme le terrain était très-propice, l'escadron de l'Albuera chargea à fond; nos tirailleurs se replièrent, & les cavaliers, emportés dans leur élan, ne s'arrêtèrent qu'à grand'peine au bord de la rivière qui formait un précipice.

Le commandant de l'escadron, qui avait courageusement chargé à cinq ou six mètres en avant des siens, arriva le premier sur la rive escarpée; il servait de cible aux Kabyles abrités derrière les touffes de verdure. On le vit tomber de son cheval, rouler sur le sol; il fut immédiatement saisi par quelques Maures, entraîné dans le lit du torrent que ces hardis assaillants repassèrent Dieu sait comment, & quand l'escadron tout entier, forcé de s'arrêter devant la berge escarpée, se reforma, prêt à battre en retraite devant le feu des nombreux tirailleurs couchés à plat ventre de l'autre côté de la rivière, le malheureux commandant avait déjà la tête tranchée.

De ce côté-là, on répondit à la fusillade par la fusillade, & gardant leur poste d'observation, les Kabyles occupèrent les fantassins jusqu'au soir.

LES CHOAFFAS.

Vers la gauche, le combat était engagé sur un terrain difficile; les troupes étaient suspendues aux flancs de collines abruptes, les mulets de l'artillerie de montagne gravissaient comme des chèvres. Je suivais à pied un bataillon du régiment de Bourbon, qui était posté sur une hauteur attendant l'ordre d'agir. A nos pieds, à portée de carabine, des forces imposantes étaient engagées, &, au milieu du feu, s'agitaient les cavaliers maures décrivant des courbes incessantes.

Le brigadier Caballero de Rhoda, aujourd'hui général, qui commandait alors le régiment de Bourbon, suivait des yeux un porte-bannière qui passait devant le front de la cavalerie ennemie en brandissant un étendard. Son costume rouge incarnat & son blanc haïk attiraient les yeux. Il manœuvrait comme dans une fantasia, semblant n'avoir d'autre mission que celle d'exciter les cavaliers maures. Le brigadier, qui restait en attente à la tête de ses troupes, demanda une carabine, ajusta avec soin & démonta ce chef, qui fut immédiatement entouré & entraîné hors de vue. Munis de nos jumelles, nous touchions pour ainsi dire du doigt la scène qui se passait.

Cependant, à quelques pas de nous, sur la pente abrupte, des coups de feu se faisaient entendre, détonations isolées, partant on ne sait d'où, qui blessèrent plusieurs hommes du bataillon. On détacha dix troupiers qui s'avancèrent la baïonnette en avant; battant les buissons comme des rabatteurs, ils se tenaient en arrêt, observant chaque pli de terrain, chaque touffe d'herbe, quand un nouveau coup de feu se fit entendre à leurs pieds. On vit alors surgir d'un petit buisson isolé sur la pente un Riffein vêtu d'un burnous très-court, la tête rasée, avec une mèche sur le côté, mèche tressée qui pendait sur l'épaule, & à l'extrémité de laquelle étaient attachés de petits coraux & des sequins.

J'ai rarement vu une plus étrange physionomie; ce fanatique se dressa, menaçant & terrible, brandissant sa gumia; on tenta de le faire prisonnier sans le blesser, mais comme il mit lui-même trois hommes hors de combat, un chasseur appuya sans cérémonie le canon de son fusil sur la poitrine du Riffein, qui tomba en avant foudroyé par la balle.

Un prisonnier qui examina le cadavre, nous dit que c'était un Choaff de la tribu dite des Choaffas, dont toute la stratégie consiste à se pelotonner derrière un lentisque noueux, une touffe d'alfa, un cactus, ou dans un repli de terrain, de manière à faire corps avec le sol, & de là, respirant à peine, ramassés, contorsionnés, ils choisissent pour point de mire les officiers de haute gradation ou les sentinelles qu'il s'agit de surprendre.

« Il appela sur le mourant la bénédiction du ciel. »

CHAPITRE XXXII.

LA RETRAITE. — L'EXTRÊME-ONCTION
SUR LE CHAMP DE BATAILLE.

La nuit était venue, non plus une de ces nuits crépusculaires où la clarté de la lune supplée à la lumière du jour, mais une nuit noire, profonde, déjà froide; la montagne & la plaine étaient enveloppées dans d'épaisses ténèbres, les coups de feu se faisaient encore entendre, & l'artillerie tonnait de temps en temps.

On sonna la retraite, dix mille hommes se trouvaient à une lieue & demie de leur campement. Il fallait traverser des chemins tortueux & difficiles, des routes ravinées, des mares grossies par cinq jours de mauvais temps, & l'ennemi, qui était chez lui, inquiétait les derrières de l'armée.

Le maréchal avait donné l'ordre d'allumer de distance en distance de grands foyers destinés à indiquer leur route aux troupes en marche sur leur campement, &, autour de ces foyers, s'improvisaient vite de ces scènes qui sont faites pour frapper un artiste. Indépendamment des conditions dramatiques & pittoresques de la scène elle-même, les ténèbres &

l'effet *Rembranesque* de ces tableaux mouvants qui se composaient & s'évanouissaient à chaque instant, ont laissé dans mon esprit un ineffaçable souvenir.

Assis sur un tronc d'arbre ou couché sur son manteau, un général, entouré de ses aides de camp debout, à la lueur du foyer, attendait que ses troupes se fussent retirées pour fermer la marche. A deux pas de là, à la lueur d'une torche, un chirurgien, le genou en terre, pansait un officier dont le visage pâle prenait à ces reflets une expression plus misérable & plus touchante. Tantôt encore c'était un groupe de prisonniers maures gardés à vue par des chasseurs, qui nourrissaient de leur galette ces Riffeins affamés.

Comme nous défilions à notre tour avec le petit état-major du régiment de Bourbon, nous assistâmes à une scène muette qui nous émut profondément. A la lueur d'un foyer plus considérable que les autres, on avait formé à la hâte une ambulance, & les blessés gisaient sur le sol. Devant une civière recouverte d'une mante grise & sur laquelle râlait un malheureux, se tenait, agenouillé, un chapelain de régiment, le crucifix à la main.

Les chirurgiens avaient abandonné le patient, son visage avait en un instant pris ces méplats inquiétants qui prouvent que la mort a choisi sa victime, & le prêtre collait son oreille à la bouche du mourant pour entendre son dernier vœu ou épier une parole de repentir. Le chapelain se leva, appela sur le mourant les dernières bénédictions, & le prépara à la mort. Les soldats, l'arme au pied, enveloppés dans leurs mantes grises, appuyés les uns sur les autres, ceux-ci graves & tristes, ceux-là indifférents & résolus, entouraient ce groupe qu'éclairait cette lueur factice du bivouac, détachant tout un côté des silhouettes par une ligne nette & brillante & rendant plus épaisses encore les ténèbres dans lesquelles étaient plongés le ciel, la plaine & la montagne.

Dans ce coin du champ de bataille, tout était recueilli & solennel. L'esprit de Dieu flottait, invisible, tandis que des clameurs sourdes & des détonations isolées, agonie dernière du combat, se perdaient dans les épaisses ténèbres.

CERID-EL-HACH.

L'attaque du 11 a besoin d'être expliquée. Elle étonna tout le monde, car on savait qu'on pouvait compter sur la parole de Muley-el-Abbas. Or, avant de recommencer les hostilités, il avait dû envoyer à Fez faire part des propositions &, dans le cas où elles seraient repoussées, déclarer l'état d'armistice rompu. Aussi l'émir, par la bouche d'un ambassadeur, tint-il à honneur de protester contre l'attaque de la veille, & nous apprîmes avec étonnement que ce combat avait été soutenu par une armée tout à fait étrangère à son commandement.

Un des chefs les plus puissants des tribus du Riff qui doivent reconnaître la suzeraineté du sultan, mais qui, à toute occasion, lui refusent cependant l'obéissance, se présenta à Muley-el-Abbas & lui proposa une attaque combinée de ses propres forces avec celles des troupes régulières. Les Riffeins étaient réunis au nombre de douze mille; les troupes de l'émir dépassaient quarante mille hommes; c'était une masse imposante qui tenterait de s'emparer des camps espagnols, de poursuivre l'ennemi jusqu'à Tetuan & de reprendre la ville : coup décisif qui remettrait tout en question & sauverait l'empire.

L'émir répondit que jusqu'à ce qu'on connût la réponse du sultan, on était en état d'armistice; qu'il était engagé d'honneur & ne pouvait attaquer. Cerid-el-Hach, le chef riffein, qui se souciait peu de la diplomatie, insista, jura d'attaquer seul &, voyant qu'il ne pouvait décider l'émir, lui reprocha, en face du camp tout entier, sa pusillanimité & son inertie.

Muley-el-Abbas essaya de le ramener, lui parla de nos moyens d'action, de la ferme discipline des troupes, de la tactique des armées régulières; ce fut peine perdue. Cerid sortit du camp en criant à tous les soldats de l'émir réunis à la porte des tentes : « Que ceux qui haïssent les chrétiens me suivent, nous camperons demain sur la place de Tetuan! » Personne ne suivit, & le chef se trouva réduit à ses propres forces.

Le lendemain, entraînant tous les Kabyles, laboureurs, marchands, soldats qu'il trouvait sur son passage, Cerid attaquait les Espagnols avec une armée bizarre, composée d'éléments hétérogènes. Ce fut le combat du 11 qui prit le nom de combat de Samsa. Le général riffein expia cruellement sa témérité; il reçut une balle dans le bas-ventre, revint jusqu'au camp de l'émir & expira sur une natte devant la tente même de Muley-el-Abbas. Il n'est pas impossible que ce porte-étendard, que le brigadier Caballero de Rhoda démonta d'un coup de carabine, n'ait été autre que le fameux Cerid.

On peut ajouter que les Maures réguliers se tinrent prêts à toute éventualité. Dans le cas où les Riffeins auraient remporté un avantage, ils eussent donné à sa suite, & c'est le seul moyen d'expliquer la présence constante de masses de cavaliers attentifs, immobiles, au fond de la plaine de Bu-Seja, qui ne firent qu'observer & regagnèrent leur campement quand el-Cerid battit lui-même en retraite, vaincu & forcé de lâcher pied.

Au surlendemain de ce combat, de nouveaux ambassadeurs se présentèrent aux avant-postes; ils conférèrent avec le général en chef, logèrent dans la ville pendant une nuit & repartirent au lever du soleil. Le soir même le général Rios, gouverneur de Tetuan, leur offrit une *tertullia*, que nous allons raconter.

« Il y avait là trois physionomies très-distinctes. »

CHAPITRE XXXIII.

TERTULLIA CHEZ LE GOUVERNEUR DE TÉTUAN.

L'ambassade était composée du gouverneur de Fez, d'un diplomate attaché à Mohammed-el-Jetib, ministre d'Étât du sultan, qui était en même temps gouverneur du Riff, & d'un général de cavalerie nommé Ben-Abu; c'étaient là les personnages importants, accompagnés de secrétaires ou d'officiers subalternes. On les installa dans un des plus beaux palais de Tetuan, dit le palais d'Ersini; ils refusèrent toute aide & toute nourriture & s'en tinrent au riz & aux dattes qu'ils portaient avec eux.

Le général Rios, pour lui faire honneur, avait déployé tout le luxe possible dans les conditions où nous nous trouvions. La grande salle de son palais, d'une très-belle tournure, était brillamment éclairée; on avait disposé dans une immense alcôve, formée par un arc de forme mauresque, les fruits, les gâteaux, les liqueurs & les vins de luxe; des divans & des coussins étaient rangés autour des murs. La musique d'un régiment, placée dans le patio de l'habitation, devait exécuter des symphonies pendant la soirée.

Sur les huit heures, on annonça les envoyés. Ils entrèrent, laissant leurs babouches à la porte de la salle, & s'avancèrent jusqu'au général, en baissant la tête & en portant à plusieurs reprises la main gauche sur leur poitrine.

Ils crurent devoir sacrifier à nos usages en s'asseyant sur des pliants de campagne qui se trouvaient là, mais ils souffraient visiblement dans cette attitude, & peu à peu, sans qu'on y prît garde, ils se laissèrent tous trois glisser jusqu'à terre, & ne retrouvèrent leur aplomb que les jambes croisées sur le sol.

Il y avait là trois physionomies très-distinctes : un diplomate fin comme l'ambre, raffiné, frotté de civilisation européenne, expert en connaissances du droit international, toujours sur ses gardes, ne disant jamais un mot sans en avoir pesé la portée : c'était le gouverneur du Riff. Auprès de lui, contraste frappant, le gouverneur de Fez, un Maure de l'ancien régime, un fils du désert, un prince sauvage qui roulait des yeux féroces, protestait tout bas contre sa propre présence au milieu des ennemis, répondait par un signe violent à toutes les politesses, n'acceptait aucune avance, aucune offre, & accomplissait à son corps défendant une mission qui lui répugnait.

Ce personnage, que son caractère de parlementaire ne mettait pas à l'abri de ses rancunes, de ses haines & de ses préjugés, ne voulait évidemment faire aucune concession, & ses yeux injectés de sang éclataient au milieu de ce visage, plus noir que celui d'aucun de ses compagnons.

Ben-Abu, le général de cavalerie,

Chapitre XXXIII.

était un soudard élevé à la dignité d'ambassadeur par sa vaillance; il n'avait rien de cette élégance native des chefs maures auprès de laquelle notre mot élastique, la « distinction, » perd tout prestige. Abu parlait l'espagnol; indiscret, bavard, vantard & brutal,

il fut trois ou quatre fois maté par le regard froid & digne du gouverneur du Riff, dont évidemment il était l'inférieur à un grand degré.

Les deux envoyés parlaient peu; Ben-Abu fit tous les frais, il parla de son armée, des tribus du Riff, de leur stratégie, nous expliqua comment au premier coup de feu les montagnards descendent des collines, rallient tout ce qui peut porter une arme, viennent se mêler aux troupes régulières, combattent en amateurs pour l'unique plaisir de combattre, & se retirent le soir sans qu'on ait même pu savoir d'où venaient ces utiles auxiliaires. A tel combat, ils avaient eu 40,000 hommes engagés, n'en ayant amené que 30,000, &, au moment où ils faiblissaient, des tribus tout entières, tribus indépendantes, ralliées par un chef influent, accouraient se joindre à eux, étendards déployés, combattant sans se rattacher au mouvement, ne demandant jamais le prix de leurs secours & se trouvant payés par le seul fait d'avoir combattu.

Au passage du Cabo-Negro, l'armée espagnole avait failli faire prisonnier le frère de l'empereur, qui s'était trouvé séparé des forces ennemies. Son cheval tué, il rentra à pied au campement.

C'est ainsi que nous voyions l'envers

de la guerre, apprenant mille détails qui nous touchaient de près.

A un moment de la conversation, Ben-Abu nous proposa, si le sort des armes était jamais contraire à l'un de ceux qui avaient fraternisé ce soir-là avec les ambassadeurs, de respecter sa vie & de le traiter en frère. Cela nous amena naturellement à reprocher au général la cruauté des Maures, pour lesquels tout blessé reste un ennemi, qu'on décapite immédiatement. Ben-Abu ne nia pas le fait, puisque malheureusement nous l'avions vu vingt fois se vérifier devant nos yeux, mais il rejeta toutes ces horreurs sur le compte des hordes & des tribus indépendantes.

Après les premières rencontres, Muley-el-Abbas, apprenant que les prisonniers tombés aux mains des Espagnols étaient choyés & traités avec la plus grande douceur, avait, paraît-il, fait publier que tous ceux qui amèneraient un Espagnol vivant toucheraient une certaine quantité de piastres. Malgré l'appât du gain, beaucoup de fanatiques préféraient se donner la cruelle satisfaction de trancher la tête des prisonniers.

Nous apprîmes en quelques heures bien des choses nouvelles sur les coutumes d'un peuple ignoré; la soirée avançait, le diplomate avait plaidé sa cause, représenté au général Rios la pauvreté de son pays, fait justice de ces fameux trésors enfouis dans les cavernes de Mequinez, & qui forment l'inépuisable fonds du sultan. Le gouverneur de Fez n'avait pas desserré les lèvres, avait refusé fruits, liqueurs & cigares, en maugréant, & Ben-Abu seul, entouré des aides de camp & des journalistes, s'était laissé aller à sa verve.

La scène était très-curieuse; les costumes maures, qui contrastaient avec les uniformes espagnols, le bel intérieur du palais, les lumières, les échos affaiblis de la musique installée dans le grand patio, ces ennemis d'hier, qui allaient redevenir les ennemis de demain, fraternisant pour un instant, il y avait de quoi tenter le crayon d'un artiste, & nous recueillîmes-là des notes précieuses pour l'histoire dessinée de cette campagne.

CHAPITRE XXXIV.

REPRISE DES HOSTILITÉS.

Le 21 mars au matin, le khalife Muley-el-Abbas transmit au maréchal la réponse du sultan. L'occupation de Tetuan par les troupes espagnoles était le grand obstacle, & le souverain du Maroc ne pouvait ratifier le traité de paix.

Une demi-heure après le départ des envoyés, la marche sur Tanger fut résolue. On s'agitait dans les camps, chacun faisait ses préparatifs, on renouvelait les provisions, on échangeait ou on achetait des chevaux; comme on quittait la plage pour s'enfoncer dans l'intérieur du pays, il fallait porter avec soi les vivres & toute la manutention.

Il existait au camp tout un parti qui voulait la paix ; les journalistes espagnols voyaient dans cette nouvelle phase de la guerre un danger pour leur pays : ils résolurent de rentrer en Espagne. Alarcon fut aussi de cet avis. Les quelques français qui suivaient l'armée restèrent ; un de nos compatriotes vint même s'incorporer vers cette époque ; c'était le baron Clary, qui avait déjà suivi la guerre d'Italie, & qui venait comme attaché à l'état-major du maréchal.

Quant à nous, nous résolûmes de suivre jusqu'au bout la fortune de l'armée ; M. de Chevarrier en fit autant. Nous accompagnâmes cependant chez le général en chef ceux qui étaient résolus à s'embarquer. « Messieurs, leur dit le maréchal, dites à Madrid que, si nous

nous perdons, c'est dans le désert de Sahara qu'il faudra nous chercher. » C'était une ironie dans la bouche d'O'Donnell en même temps qu'une preuve de soumission aveugle à la volonté nationale.

Seul désormais, abandonné à nous-même dans ce grand palais désert, nous bouclâmes notre valise, & le 22 au matin, nous dressâmes de nouveau notre tente au quartier général; mais, le 22 au soir, un ordre avertit l'armée tout entière d'avoir à se tenir prête pour le départ qui aurait lieu le lendemain, avant le lever du soleil. Plût à Dieu que le général en chef eût dit vrai! Nous n'avions pas encore assouvi notre soif d'émotions, & nous eussions suivi les Espagnols jusqu'au Sahara.

LE DÉPART. — BATAILLE DE VAD-RAS.

Le 23 mars, à deux heures du matin, nous fûmes réveillés par un coup de canon tiré de l'Alcasabah ; tous les clairons sonnèrent la diane, & on abattit les tentes. Les montagnes, les plaines, la mer à l'horizon étaient enveloppées dans la brume épaisse d'un brouillard froid & pénétrant : Tetuan tout entière, à une demi-lieue, était invisible ; on fit à tâtons les préparatifs. Deux heures après le lever du soleil, les camps déjà vides étaient encore baignés dans ce brouillard intense, les mules étaient chargées ; les troupes, massées pour la marche, attendirent quatre heures l'ordre de départ.

Chapitre XXXIV.

Le maréchal, comme toujours, arpentait de long en large la rue du quartier général & de temps en temps s'arrêtait pour observer le ciel.

Toute la colonne s'ébranla, nous traversâmes Tetuan & nous trouvâmes réunies sur la place les compagnies du génie, toutes les forces casernées dans la ville à l'exception d'un petit nombre d'hommes destinés à sa défense, & les pontonniers escortant un troupeau de cent chameaux qui portaient un train de pont. Nous ralliâmes toutes ces troupes & sortîmes de la ville par la porte de Fez ; tous les juifs, dont les transes allaient renaître, faisaient la haie sur notre passage ; en un instant, les camps abandonnés avaient été occupés par un monde de mendiants qui y cherchaient les débris laissés par les soldats. Camp du nord en deçà de la ville, camp du sud au delà, tout était sur pied ; trente-cinq mille hommes s'ébranlèrent, laissant derrière eux Tetuan fortifiée, occupée par des troupes peu nombreuses, mais auxquelles on se relierait par un cordon. Le général Rios lui-même, le gouverneur de Tetuan, quittait temporairement la ville & ouvrait la route : il irait jusqu'au pont de Bu-Sejà en flanquant notre marche, ramènerait nos blessés & nous abandonnerait après le premier engagement pour commander Tetuan & la défendre en cas d'attaque.

Le maréchal avait calculé que les Maures nous attendraient à moitié chemin de Tanger dans les terribles défilés du Fondouck, & que, là, nous aurions un combat meurtrier; après lequel, l'armée ennemie dispersée, nous aurions la route libre jusqu'à Tanger. Cette prévision fut déçue. A une demi-lieue de Tetuan nous fûmes attaqués de tous les côtés, inquiétés par les Kabyles qui descendaient des montagnes, forcés de garder les gués des rivières qui faisaient des défenses naturelles, assaillis enfin de toute part, sans repos ni trêve.

C'est ce jour-là que nous restâmes en arrière-garde avec les cuirassiers du roi, sans nouvelles pendant vingt-quatre heures, isolés du maréchal & du centre de l'action. La bataille de Vad-Ras fut une mêlée énorme composée de vingt mêlées, un engagement permanent, sans plan, sans forme, comme si dix armées différentes eussent assailli la nôtre. Il faut se reporter à ce tableau des épisodes de guerre que nous avons intitulée : *A l'arrière-garde*, pour comprendre notre inquiétude & nos souffrances ce jour-là.

A mesure qu'on s'emparait d'une hauteur, l'ennemi se réfugiait sur la hauteur qui la commandait, & les attaques se succédaient sans diminuer l'acharnement des Maures & la constance des

Espagnols. L'ennemi se montra héroïque partout; on luttait corps à corps sur des pentes inaccessibles. Dès qu'un douar était pris & livré aux flammes, les Maures se retranchaient dans un autre, & plusieurs fois, l'infanterie étant décimée, les troupiers étant harassés & hors d'état de faire de nouveaux efforts, la cavalerie dut charger sur des pentes abruptes où les chasseurs eux-mêmes avaient peine à se tenir.

Je ne veux pas raconter cette longue bataille, la plus meurtrière de la campagne; l'action est beaucoup trop multiple. Après des efforts inouïs & sept heures de combat, les différents corps d'armée dominèrent les collines, du haut desquelles on voyait l'entrée du Fondouck. Il restait encore quelques heures de soleil; O'Donnell fit savoir à tous les chefs qu'il avait résolu de camper dans la plaine qu'on voyait à nos pieds, &,

pour un mouvement aussi décisif, il se réserva le commandement du centre. Il faut avoir vu le terrain sur lequel on opérait pour comprendre ce que fut cette journée de Vad-Ras ; c'étaient des vallonnements successifs, semés de bosquets, de broussailles & de quartiers de roches; des cours d'eau non guéables interrompant à chaque instant la marche ; ici un douar, là un ravin, & je me demande aujourd'hui comment la cavalerie & l'artillerie ont pu suivre ce mouvement.

On descendit de front, autant que possible en ligne droite, prêt à tout culbuter sur le passage. Les musiques militaires jouaient l'*hymne de Riego;* cent clairons sonnaient l'attaque. Quand ils virent cet élan, les Maures battirent en retraite avec précipitation, franchirent en désordre les tranchées de leur campement, &, du haut du versant, on put les voir plier leurs tentes à la hâte, les charger sur les chameaux & s'enfoncer dans les défilés du Fondouck. L'armée espagnole tout entière poussa un cri immense ; on se souvenait du 4 février, de la prise des canons & des huit cents tentes ennemies ; tout le monde brûlait de faire une nouvelle razzia.

Il y eut cependant un second mouvement ; l'ennemi revint sur ses pas, ayant mis les tentes & les bagages à l'abri d'un coup de main. On sentit que les Maures allaient soutenir ce terrible choc, &, comme avant tout mouvement décisif, il y eut un instant d'arrêt : généraux & soldats comprenaient que le sort de la journée dépendait du plus ou moins d'impétuosité avec laquelle cette attaque générale s'exécuterait.

Le mouvement de descente favorisait l'élan général, on descendait comme un torrent qui rompt ses digues ; l'ennemi, lui, avançait au pas, presque de front, contre son habitude. A peine la masse des troupes espagnoles arrivait-elle au pied du versant, tous les Maures, comme à un commandement, firent une nouvelle volte-face, & disparurent définitivement dans les défilés qui s'ouvraient entre les deux collines qui bornaient l'horizon.

On campa à l'entrée de la vallée, sur le versant même où s'était exécutée cette grande charge de toute une armée. La victoire était complète, mais elle avait coûté cher.

Jamais je n'ai vu le soldat aussi sérieux que ce soir-là. Sous les tentes, autour des feux de bivouac, on ne parlait que du courage indomptable de l'ennemi, c'était de la rage, du fanatisme. On avait, sans le savoir, attaqué pendant le Rhamadan, &, exaltés par le jeûne, par les pratiques de leurs dévotions, les Maures s'étaient battus comme des hommes exaspérés. Les *Santons* les avaient fanatisés ; aussi venaient-ils au devant de la mort avec une rage qui tenait du délire, se faisant tuer sur les canons qu'ils essayaient de prendre, & sur lesquels ils se jetaient comme des fous, se brûlant les mains aux pièces encore chaudes. Ce fût la dernière rencontre ; elle donna à réfléchir aux généraux comme aux soldats, qui avaient tous fait leur devoir en braves.

« Le gouverneur du Riff rédigea sa dépêche. »

CHAPITRE XXXV.

NOUVELLE AMBASSADE. — LE GOUVERNEUR DU RIFF.

Le 24, les trois corps d'armée étaient groupés à peu de distance les uns des autres, le maréchal était décidé à profiter de l'avantage si chèrement obtenu la veille & à marcher immédiatement.

L'évacuation des blessés opérée, on abattit de nouveau les tentes; les soldats étaient brisés, mais toute temporisation était une faute; on allait donc se mettre en marche, quand une grande rumeur s'éleva du front de bandière : un cavalier arabe absolument seul s'était présenté hardiment aux avant-postes, portant le signe du parlementaire ; il se dirigeait vers le quartier général.

C'était Hamed-el-Chabli, ce gouverneur du Riff avec lequel nous avions passé la soirée chez le gouverneur de Tetuan ; il alla droit au maréchal, lui annonça que le khalife s'avouait vaincu, qu'il avait mis sous les armes dans la dernière rencontre ses soldats les plus aguerris, qu'ils s'étaient battus en braves, & que tous ses efforts étaient impuissants; il acceptait donc l'*ultimatum* & était prêt à signer la paix.

O'Donnell, ferme & résolu comme

toujours, montra au Chabli les tentes abattues, les troupes formées, le guidon du quartier général gisant à terre, & lui annonça que le lendemain à six heures, s'il n'avait pas une communication du khalife, qui assignait une heure pour signer la paix dans l'un ou l'autre camp, il reprendrait sa marche. Le camp était loin; Hamed-el-Chabli voulut envoyer un de ses gardes en avant; il s'assit sur les talons, on ouvrit un secrétaire de campagne, & il rédigea une dépêche à Muley-el-Abbas. C'est un des tableaux curieux de la campagne, cet épisode. Toutes les mules chargées, l'armée entière l'arme au pied, dans le désordre du départ, le quartier général déjà à cheval, les généraux rassemblés, & Hamed, le gouverneur du Riff, seul, sans escorte, rédigeant sa dépêche. Il se remit en selle, traversa le camp, retrouva quelques cavaliers à la lisière, leur remit son pli, & ceux-ci s'engagèrent dans les défilés du Fondouck en faisant voler la poussière sous leurs pas.

Nous pressentions la fin de la guerre, & cependant, du haut de ces collines, en devinant les mystérieuses solitudes des campagnes marocaines perdues dans une brume bleuâtre, nous aspirions à marcher en avant.

CHAPITRE XXXVI.

SIGNATURE DE LA PAIX.

Le 25, à cinq heures, on abattit les tentes comme si on ne devait point compter sur la réponse du khalife; cependant l'armée tout entière interrogeait l'horizon. A six heures & demie, un haïk blanc frappa nos regards; on le suivit bien longtemps des yeux. Le cavalier gravit collines & vallons & s'arrêta encore une fois près du guidon du quartier général. C'était Hamed-el-Chabli. Le khalife prévenait le maréchal de l'impossibilité dans laquelle il se trouvait de se rencontrer avec lui avant neuf heures.

Il ne fallait pas oublier qu'on était dans le Rhamadan, &, selon les prescriptions du Coran, tout musulman devait rester en prières depuis le lever du soleil.

Quelques heures après, sans aucune escorte, l'état-major général se rendit au lieu de la conférence : c'était une plaine en avant du Fondouck. J'ai déjà raconté la première entrevue, plus solennelle & plus imposante; celle-ci fut courte : Muley-el-Abbas acceptait toutes les conditions. Nous nous étions mêlé à l'escorte, & nous fîmes un portrait du général en chef de la garde noire; d'autres chefs très-caractéristiques de types & de costumes posèrent aussi pour nous, &, contre l'habitude des Maures, signèrent en arabe au-dessous du dessin. Tous ces cavaliers, chefs supérieurs, caïds ou soldats, jeûnaient depuis l'aurore, & quelques-uns exprimèrent par une pantomime expressive qu'ils éprouvaient des tiraillements d'estomac, mais qu'il fallait attendre jusqu'au coucher du soleil.

L'entrevue avait été cordiale entre le général en chef & le prince. O'Donnell sortit de la tente en disant : « C'est fait, j'ai signé ; nous sommes amis ! » Et il envoya chercher les médecins les plus distingués de l'armée pour donner une consultation au khalife, qui avait exprimé le désir d'avoir l'opinion d'un chirurgien européen sur une blessure qu'il s'était faite à la chasse. Quelques grains de plomb, logés dans les chairs & roulant sous la main du praticien, déterminaient une douleur aux changements de saisons.

Pendant ce temps-là, tous les généraux espagnols s'étaient mêlés aux chefs ennemis ; on échangea des présents, des armes, des menus objets ; nos revolvers surtout attiraient l'attention des Maures, &, par l'entremise des interprètes, nous apprenions une foule de détails du plus haut intérêt pour nous.

La conférence terminée, nous regagnâmes le camp. La chaleur était cruelle ; l'état-major général avait dû stationner deux heures à cent cinquante pas du lieu de l'entrevue, & beaucoup d'officiers étaient suffoqués. Partout sur notre passage éclataient la joie & l'enthousiasme : la veille, commençait une nouvelle campagne sanglante & rude, dont on ne pouvait prévoir la fin ; aujourd'hui la paix était signée, & une paix honorable pour le pays.

« Ils venaient faire du commerce avec nous. »

CHAPITRE XXXVII.

LE RETOUR.

A trois heures de l'après-midi, les officiers étrangers en mission, les artistes & les quelques journalistes qui restaient adressèrent leurs félicitations au maréchal; les tentes étaient abattues, on se remit en selle, & nous retraversâmes, dans le pittoresque désordre d'une marche à volonté, ces terribles ravins occupés la veille au prix de tant de sang.

A ce moment se produisit un fait étrange & qui nous a toujours frappé en quelque point de l'Afrique qu'il se soit produit. Nous traversions des plaines désertes, sans autre habitation à cinq lieues à la ronde que quelques cavernes de troglodytes dans les montagnes qui s'élevaient à notre gauche, & quelques douars disséminés sur des collines en mamelons sur notre droite : cependant la paix, signée il y avait deux heures à peine, était déjà connue sur une étendue de territoire énorme, &, timidement d'abord, puis avec plus de confiance, s'incorporaient à nous les tribus les plus lointaines, les races les plus diverses, Maures vagabonds, Kabyles, Riffeins, Choaffas, habitants du Fondouck, d'Amsa, d'Anghera, de Fedjar, de Bucemeler, les uns nus comme des bronzes antiques, les autres vêtus d'étoffes bariolées, tous présentant le caractère le plus curieux, les échantillons les plus divers. Ils venaient commercer avec nous, apportaient des armes, des costumes, des objets de cuir, des poteries; ceux-ci mus par la curiosité, ceux-là par l'appât du gain.

Par quel inconcevable moyen, par quel télégraphe invisible plus rapide que le nôtre, par quel courrier fantastique, impalpable, & quel insaisissable messager, cette nouvelle de la paix avait-elle été transmise? C'est là un phénomène qui plonge toujours dans l'étonnement ceux qui ont vécu dans les solitudes de l'Orient ou dans les montagnes de l'Afrique. Les feux allumés sur les hauteurs sont évidemment les moyens naïfs & sûrs employés par ces tribus qui vivent en contact familier avec les choses de la nature & se font une industrie qui remplace celle de la civilisation la plus avancée.

A la nuit close, nous campâmes à une lieue de Tetuan, sur l'emplacement occupé deux jours auparavant par le corps d'armée du général Echaguë.

Tandis que l'armée tout entière brûlait de rentrer dans ses foyers après cette rude & glorieuse campagne, quand déjà la plupart des officiers sollicitaient la permission de s'embarquer, notre cœur se serrait à la pensée du retour, nous ne pouvions quitter cette ville orientale dont nous n'avions pas encore pénétré tous les mystères. Il fallait dire adieu aux grands horizons, aux plaines sans fin, à cet inconnu de la vie d'aventures, qui est un si fort aimant pour certaines âmes.

Il fallut s'embarquer cependant. Déjà les plages africaines ne nous apparais-

Chapitre XXXVII.

saient plus que comme un point gris; & les deux ailes d'un goëland suffisaient pour nous cacher ces immenses solitudes. Nos compagnons allaient embrasser leurs mères, leurs épouses & leurs fiancées; nous, nous courions en Italie, où nous appelaient de nouvelles émotions & de nouveaux combats.

TABLE DES CHAPITRES

CHAP.   Pages.

       AU LECTEUR............................ I
       LA VIE DU SOLDAT..................... 1
          L'Armée espagnole................. 8
I.   La vie sous la tente. — La nuit au camp. — Le courrier................ 13
II.   Aux guérillas. — Le premier feu..... 23
III. Bataille de Castillejos. — Les hussards de la princesse..................... 31
IV.   Les enfants de troupes............. 41
         Une cantinière française........... 44
V.   Le campement de la faim........... 47
VI.   Mort du brigadier Dolz. — Sang-froid d'O'Donnell..................... 57
VII. Le sentiment de la peur. — Une charge d'artillerie. — Butin.............. 63
VIII. Un officier blessé................... 71
IX.   Père & général...................... 77
X.   Le général Prim à Castillejos....... 81

Table des chapitres.

CHAPITRES.		Pages.
XI.	Le comte d'Eu, fils du duc de Nemours.	89
XII.	Un assaut. — Le marais. — Prise des camps ennemis.	97
XIII.	Émotion personnelle. — Le canon. — Le marais.	107
XIV.	L'Ambulance.	117
XV.	Nous campons sous les tentes ennemies. — Le canon de l'Alcasabah.	121
XVI.	La nuit à Tetuan après la prise des camps. — Sac du quartier des juifs.	127
XVII.	Notre entrée à Tetuan. — Les juifs.	135
XVIII.	Le sérail.	145
	Une panique.	147
XIX.	La grande mosquée. — Un butin scientifique.	153
XX.	Tetuan à vol d'oiseau.	161
XXI.	Le nègre de la poudrière.	167
XXII.	A l'arrière-garde.	177
XXIII.	La nuit à l'arrière-garde.	185
XXIV.	Entrevue avec Muley-el-Abbas.	193
XXV.	L'Entrevue.	205
XXVI.	La casa d'Ashah.	213
XXVII.	Ramon le renégat.	221
	La belle Pepita.	226
	Le trésor de la maison d'Ashah.	230
XXVIII.	Le journal du camp. *L'Écho de Tetuan.*	239
XXIX.	Lord O..... — Un original.	247
XXX.	Un dîner chez le maréchal.	255

CHAPITRES.		Pages.
XXXI.	Rupture de l'armistice. — Episodes du combat de Samsa..................	261
	Les Choaffas................	265
XXXII.	La retraite. — L'extrême-onction sur le champ de bataille.............	269
	Cerid-el-Hach.............	273
XXXIII.	Tertullia chez le gouverneur de Tetuan.	279
XXXIV.	Reprise des hostilités...........	289
	Le départ. — Bataille de Vad-Ras.	292
XXXV.	Nouvelle ambassade. — Le gouverneur du Riff................	301
XXXVI.	Signature de la paix............	305
XXXVII.	Le retour................	309

www.ingramcontent.com/pod-product-compliance
Lightning Source LLC
Chambersburg PA
CBHW060402170426
43199CB00013B/1974